먹히는 글쓰기
끌리는 말하기

실전에서 바로 써먹는
글쓰기와 말하기

WRITING

TALKING

먹히는 글쓰기 끌리는 말하기

김대근 지음

보아스 BOAZ

취업 4수생 시절을 거쳐 방송사 기자이자 앵커가 되고 나서 소중하게 얻은 직업을 잘 해내기 위해 저는 소위 말하는 갓생을 살아가고 있습니다.

기자 초년병 시절에는 하루에 3시간 이상 자본 적이 없다 보니 늘 잠이 부족했습니다. 한번은 아침 출근길에 졸다가 지하철 기둥에 얼굴을 들이박아 무테 안경알 하나가 세로로 갈라져버린 적도 있습니다. 그런데 지금도 여전히 그러한 삶은 크게 변함이 없습니다. 아침 방송을 마치고 지하철에서 정신없이 곯아떨어지기도 하고, 새벽 출근을 위해 알람을 서너 개씩 맞춰두고도 휴대전화를 손에 꼭 쥔 채 잠자리에 들기도 합니다. 어떤 날은 지하철에서 급히 기사를 송고하기도 하고, 늘 아침부터 저녁까지 기사에 매여 살아가고 있습니다.

이런 제 모습에 누군가는 이렇게 묻기도 합니다.

"너는 대체 왜 그렇게 일해? 무슨 의미가 있어?"

그러나 이렇게 살아온 세월이 제게 큰 선물을 가져다주었습니다. 언론사 시험을 수없이 보고, 보도전문 채널에서 누구보다 많이 생중계를 하고, 매일 기사를 쓰고, 새벽 뉴스부터 아침 뉴스, 낮 뉴스, 자정 뉴스까지 두루 진행하며 무수히 많은 속보를 전하고 인터뷰를 진행하며 저는 저만의 스토리를 갖게 되었고, 또 저만의 퍼스널 브랜드를 만들어가고 있습니다. 그리고 언론사 준비과정부터 시작해 오랜 기간 방송 언론사에서 매일 치열하게 쓰고 말하면서 '글쓰기'와 '말하기'는 제 삶 그 자체가 되었습니다.

저는 이 책《먹히는 글쓰기, 끌리는 말하기》에 그간 글쓰기와 말하기를 잘하기 위해 치열하게 고민하고 또 경험했던 모든 것을 고스란히 담았습니다. 무수히 많은 언론사 시험을 보았고, 또 기자와 앵커가 되어 글쓰기와 말하기가 생업이 되면서 현장에서 부딪쳐가며 그 방법을 익혀온 만큼 실전에서 바로 활용할 수 있는 실용적인 방법을 이 책에 싣고자 했습니다.

사실 글쓰기와 말하기에 정답이 있는 것은 아닙니다. 그러나 오랜 시간 현장에서 글을 쓰고 말을 해오며 한 가지 깨달은 사실이 있습니다. 많은 사람을 사로잡고, 많은 사람에게 어필하는 글과 말은 분명히 있다는 점입니다. 저 또한 기사를 쓰고 방송을 하면서 매 순간 어떻게 하면 사람들을 사로잡고, 사람들에게 어필하는 글을 쓰고 말을 할 수 있는지 연구하고 고민해왔습니다.

제1부 '글쓰기'에서는 글쓰기를 위해 내면을 채우는 법, 주제와 소재를 발굴하는 법, 글의 흐름을 유지하는 법, 문단을 구성하는 법, 정확한 단어를 고르고 다양하게 표현하는 방법 등을 설명하고 실제로 어떻게 쓸 수 있는지 구체적인 예시를 들었습니다. 그리고 글쓰기는 체득하는 기술인 만큼 7개 챕터의 끝에는 설명한 내용을 바탕으로 자신이 직접 글을 써보도록 글쓰기 코너를 마련해 놓았습니다.

제2부 '말하기'에서는 일상에서 소통을 잘하는 법, 면접이나 프레젠테이션과 같은 공적인 자리에서 긴장감과 두려움을 넘어서서 말을 잘하는 법, 나를 돋보이게 하는 인상적인 말하기, 말을 잘하기 위한 구성법, 이야기를 돋보이게 하는 보디랭귀지, 좋은 대답을 얻기 위한 좋은 질문법, 콜포비아 해결법, 혼자서 할 수 있는 보이스 트레이닝 등을 설명했습니다.

그리고 글쓰기의 마지막에는 '합격을 부르는 자기소개서 쓰기'를, 말하기의 마지막에는 '반드시 선택받는 면접의 기술'을 TIP으로 넣어 많은 사람이 가장 궁금해하고 필요로하는 내용을 자세하게 설명했습니다.

SNS가 발달함에 따라 글쓰기와 말하기는 선택이 아닌 필수가 되었습니다. 그리고 앞으로는 글쓰기와 말하기가 더욱더 생존을 위한 능력이 될 것입니다. 책쓰기와 유튜브 등 SNS는 자신이라는 브랜드를 세상에 알릴 수 있는 가장 좋은 수단입니다. 우리 각자는 저마다 자신의 삶, 자신이 쌓아온 경험이라는 좋은 글감을 갖고 있습니다. 그것을 글쓰기와 말하기를 통해 잘 포장해 퍼스널 브랜드로 만들어보세요.

이 책이 학교와 직장에서 글쓰기와 말하기 실력 향상을 통해 보다 더 나은 삶을 원하는 사람들에게 좋은 참고도서가 되기를 진심으로 바랍니다.

제1부
글은 곧 그 사람이다

제1장　글쓰기에 정답은 없지만 정도(正道)는 있다

제2장　실전 글쓰기 노하우

제2부
말은 세상과 소통하는 창이다

| 제3장 | 자신감 있게 말하기를 위한 기본기 다지기 |

WRITING | TALKING

제1부

글은 곧
그 사람이다

제1장

글쓰기에 정답은 없지만
정도(正道)는 있다

우리는 글이
자신의 얼굴인 시대에
살고 있다

나는 방송사 기자이자 앵커다. 현재는 후배 기자들의 기사를 데스킹해주는 일이 주요 업무다. 데스킹이란 기사의 주제를 상의하고, 기사의 구조가 논리적인지 검토하고, 인터뷰는 기사를 충분히 뒷받침할 만한지 점검하며, 글의 문장부터 단어 하나하나까지 이상이 없는지 훑어보는 일을 말한다. 시청자들에게 방송되는 기자들의 기사는 모두 이러한 데스킹 과정을 거쳐 방송되고 인터넷에도 올라간다.

그러나 데스크에서 기사를 최종 점검을 하고 컨펌을 한다고 하더라도 취재기자가 기사를 쓴 의도가 있기 때문에 마음대로 기사를 고칠 수는 없는 법이다. 그래서 데스크는 기자들과 소통하는 일이 매우 중요하다.

아침에 출근해 후배의 기사를 점검하면서 읽다가 궁금증이 생기면 가장 먼저 후배와의 카카오톡 채팅창을 켠 뒤 기사를 복사해서 붙여 넣고 질문을 건넨다.

"이건 무슨 의미지?"

카톡창에 1이 없어진 것을 보면 분명 후배 기자가 읽었다는 것인데 한참 동안 답신이 오지 않으면 마음이 급해지기 시작한다. 그러면 결국은 전화기를 들어 직접 물어본다.

"이 문장 말이야, 이거 무슨 의미로 쓴 거야?"

기자는 글로 세상과 소통하는 직업임에도 기자도 SNS 채팅은 쉽지 않다. 의미 전달이 제대로 되지 않을 때도 많고, 설명이 부족해서 오해를 사기도 한다. 그러면 결국은 전화를 해서 직접 물어본다.

"아니, 난 이거를 물어본 건데."

이렇게 때로 전화로 하는 소통이 훨씬 만족스러움에도 출근해서 언제나 가장 먼저 하는 일은 채팅방부터 켜는 것이다.

이처럼 우리는 글쓰기와는 떼려야 뗄 수 없는 일상을 살고 있다. 요즘은 직장에서의 소통뿐만 아니라 가족, 친구, 지인들과의 소통도 대부분 채팅 글을 통해 이루어진다. 메신저뿐만 아니라 유튜브나 인스타그램 등의 SNS도 결국은 글쓰기다. 영상이나 사진으로 나를 드러내고 소통하는 공간이지만 콘텐츠를 노출하는 그 바탕은 바로 글이다.

특히 SNS 스레드는 영상과 사진이 주가 되는 유튜브와 인스타그램과는 차별화를 꾀해 글이 위주가 된다.

예전에는 글을 쓴다고 하면 직업적으로 글을 쓰는 사람이 대부분이었다. 그래서 글에도 뭔가 특별하고 차별화된 내용을 담고 있어야 많은 사람의 인정을 받았다. 그러나 SNS가 발달하면서 우리는 누구나 글을 쓰는 시대에 살고 있다. 채팅창에 단문으로 소통하는 것이 무슨 글쓰기냐고 반문하는 사람도 있겠지만, 문장이 글쓰기의 기본 요소라는 점에서 글로 소통하는 채팅도 글쓰기라 할 수 있다. 또한 유튜브 영상을 만들 때는 어떤 제목이 사람들의 호기심과 관심을 끌어 클릭을 유도할 수 있을까 고민하게 된다. 또 인스타그램에 게시물을 업로드할 때는 내용을 가장 잘 표현할 수 있는 해시태그가 무엇인지 생각하게 된다. 그리고 스레드에 글을 올릴 때는 내 이야기를 어떻게 짧고 강렬하게 담을 수 있는지 고심하게 된다.

이 모든 것이 글을 통해 이루어진다. 이제는 글쓰기가 소통의 수단이자 나를 표현하기 위한 도구가 되었다. 그래서 글은 곧 내 얼굴이자 나라는 브랜드이기도 하다.

그런데 사실 글을 잘 쓰는 일이 단시간에, 쉽게 이루어지는 것은 아니다. 앵커이자 기자이고, 지금은 데스크로서 매일 글을 쓰고 다른 사람의 글을 보고 고치며 사는 나에게도 글쓰기가 마냥 쉬운 일은 아니다. 그러나 한 가지 분명한 사실이 있다. 글쓰기는 쓰면

쓸수록 능숙해지게 된다. 우리는 채팅창에서, SNS에서 글로써 타인들과 대화를 하고 있으니 이미 일상에서 기본적인 글쓰기 연습을 하고 있는 셈이다.

우선 자신의 SNS 소개글을 떠올려보자. 나의 얼굴이자 내 퍼스널 브랜드인 SNS의 소개글은 나를 가장 잘 표현하고 있는가?

만약 그렇지 않다면 나를 압축적으로 잘 표현해 줄 수 있는 단어로 끌리는 문장을 만들어보자. 제목이 좋은 책이 수많은 책 속에서 독자의 눈길을 끌 듯이 잘 쓴 소개글이 많은 사람을 당신의 SNS로 안내해줄 것이다.

자신만의
이야기를 쓰자

언론사 시험을 준비하는 후배들을 위한 강의를 부탁받은 적이 있다. 그때 나는 처음에는 주저했다. 하루하루 일에 치여 지내며 스스로 질책하기 바쁜 내가 기자를 꿈꾸는 후배들 앞에서 자신 있게 기자 생활에 관해 이야기를 할 수 있을까라는 걱정이 앞섰기 때문이다. 결국 강의를 수락하고 학생들 앞에 서게 되었다. 나는 이렇게 말문을 열었다.

"눈물 젖은 밥을 먹어봤나요?"

반응 없는 학생들의 표정을 보자 몸과 마음이 더 움츠러들었다. 하지만 용기를 내서 내 이야기를 이어갔다.

"취업 4수, 백수생활을 오래 해서 돈이 없었어요. 스터디를 가면 삼각김밥에 사발면으로 점심을 때웠어요. 그때 삼각김밥이 700원이었으니까 1,000원 정도면 끼니가 해결되었어요. 그러다 시험을 본 날 기분 좀 내겠다고 중국집에 가서 볶음밥을 시켰어요. 그런데 그때 아버지께 전화가 온 거예요. 그냥 안부 전화였는데 갑자기 '아들, 파이팅!'이라고 하시더니 전화를 끊으시는 거예요. 그때 눈물이 나서 혼났어요. 울면서 꾸역꾸역 밥을 삼켰다니까요. 저는 그런 힘든 시간이 있었기 때문에 지금 일이 더 소중하고 고맙게 느껴져요. 그리고 요즘은 '그때 좀 더 밝고 즐겁게 지낼 걸 그랬다'는 생각도 해요. 간절히 바란 만큼 열심히 하면 꿈은 이뤄지는데 그 시간을 너무 우울하게 보낸 것 같아서요. 여러분도 지금 여러 가지로 힘들 거라고 생각해요. 하지만 기운을 내시기 바랍니다. 그러다 보면 어느 순간 현장에서 뛰고 있는 자신을 발견하게 될 거예요."

　말을 마치고 초롱초롱한 눈으로 내 이야기에 열심히 집중하는 학생들의 모습을 보자 그제야 긴장이 풀렸다. 처음 강의 제안을 받았을 때는 '내가 그럴 자격이 있을까?'라는 생각이 들었는데, 강의를 마친 뒤에는 하길 잘했다는 생각이 들었다. 언론고시를 오래 준비한 만큼 후배들의 불안한 마음을 잘 이해하고 있던 나는 오히려 후배들에게 해줄 수 있는 이야기가 풍부했다. 오랜 수험생활로 쌓인 나만의 노하우가 많았기 때문이다. 기자가 되고 나서도 다양한 현장을 종횡무진으로 누볐고, 또 앵커로서 뉴스를 진행한 경험도 많았다. 무엇보다 그 모든 과정을 통해서 인간적으로 또 직업적으로 성장할 수 있었다.

내가 지나온 시간과 쌓아온 경험은 나만의 서사로서 가치를 지니고 있다. 남에게 들려줄 수 있는 나만의 이야기가 있다는 점에서 나는 충분히 자격이 있다는 자신감이 생겼다. 그것을 알게 된 것만으로도 그 강의는 내게 큰 의미가 있었다.

글을 쓸 때도 마찬가지다. 글쓰기를 두려워하는 사람들이 많이 하는 생각 중의 하나가 '사람들이 내 글을 읽어줄까?'라는 것이다. 글쓰기가 마치 거창하고 대단한 일인 것처럼 느껴져 자신의 글이 인정받을 수 있을까 라는 두려움이 앞선다.

전체적인 틀을 짜는 것은 물론이고 일단 펜을 들거나 또는 백지 상태의 노트북 화면에 첫 문장을 쓰는 것 자체가 큰 부담으로 다가오기도 한다. 그리고 무엇보다 '내 이야기가 뭐 대단하겠어'라는 생각이 글을 써야겠다는 생각 자체를 주저하게 만든다. 그런데 글을 쓰기 위해서는 가장 먼저 그러한 생각부터 버려야 한다.

나는 기자 생활이 10년이 넘어가던 시점에 진로에 대해 진지하게 고민을 하게 되었다. 그때 우연히 대학 동창들을 만났는데 놀라운 경험을 했다. 어느새 40대에 접어든 친구들은 십수 년 동안 각자의 영역에서 고난과 역경을 두루 겪으며 단단해져 있었다. 치열하게 부딪히고 고민하면서 쌓인 그들의 경험은 그 무엇도 버릴 것이 없었다. 나에게 각자 한마디씩 건네는 조언은 내가 생각을 정리하고 나의 앞길을 새롭게 구상하는 데 중요한 영감을 주었다. 그들이 사회에서 견뎌낸 시간은 나름의 의미와 깊이가 있었고, 그것은 내가 나아가야 할 방향에 대한 길잡이가 되어주었다.

이렇게 우리 모두는 각자 지내온 시간만큼의 경험과 깊이를 갖추게 된다. 이런 경험을 공유하는 것은 누군가에게는 위로가 되기도 하고, 또 누군가에게는 인사이트를 제공해주기도 한다.

그리고 여기서 한 발 더 나아가 자신만의 특화된 이야기는 '퍼스널 브랜드'가 된다. 만약 특정한 분야에 경험이 많거나 통찰력을 갖추고 있다면 더 전문적인 이야기를 깊이 있게 할 수 있다.

기자를 예로 든다면 정치부나 경제부, 스포츠부 등의 경험에 따라 각자 풀어낼 수 있는 콘텐츠가 다르다. 내 경우는 현장 중계를 할 기회가 많았다. 마이크를 들자마자 현장에 돌발 상황이 벌어져 10여 분 동안 생중계를 한 적도 있다. 또 재난 현장에 도착하자마자 원고 없이 생중계를 하기도 했다. 모두 내 의지와 상관없이 맞닥뜨린 상황이었지만 남들은 쉽게 할 수 없는 특별한 경험이었다.

또 앵커로서 속보를 비롯해 수없이 많은 돌발 상황을 경험했고, 간결하면서도 분명히 각인될 수 있는 멘트를 고민하면서 원고를 작성하기도 했다. 그리고 몇 년간 생방송 뉴스를 진행하며 매일 새로운 사람과 새로운 주제로 인터뷰를 진행했다. 지금은 데스크로서 다른 기자들의 기사가 더 효과적으로 전달될 수 있도록 매 순간 고민하고 있다. 일을 시작한 이후 줄곧 글을 쓰고, 고치고, 순발력 있게 말해온 이러한 경험들이 쌓여서 이제는 나의 브랜드가 되었다.

당신만의 이야기는 곧 당신의 퍼스널 브랜드다. 내 브랜드를 만들 나만의 이야기가 무엇인지 생각해보자. 자신이 특별히 더 잘 쓸 수 있는 주제는 글쓰기의 경쟁력이 된다. 누군가는 부모로서 특별한 경험을 갖고 있을 것이고, 누군가는 선생님으로서 아이들과 겪었던 다양한 에피소드를 갖고 있을 것이다. 또 누군가는 인사직무 경험을 바탕으로 면접과 처세술에 대한 노하우가 쌓여 있을 것이고, 누군가는 금융업에 종사하며 돈의 흐름을 수없이 보면서 돈 버는 방법을 터득하고 있을 것이다. 그리고 꼭 성공의 경험만이 아닌 수많은 실패의 경험을 사람들에게 들려주며 위로와 희망을 줄 수도 있다.

당신이 가진 경험이라는 무형의 자산을 글을 통해 유형의 자산으로 만들어보자. 나만의 이야기는 곧 나의 브랜드가 되고, 그것은 여러 가지 콘텐츠를 만들 수 있는 창조의 샘이 될 것이다.

흥미로운 스토리는
글쓰기의 치트키가 된다

퍼스널 브랜딩이 대유행이 되고, 자신의 책을 쓰는 것이 사람들의 버킷리스트가 되면서 글을 잘 쓰고 싶어 하는 사람이 매우 많다. 스레드를 보면 '저도 글을 잘 쓰고 싶어요'라는 글이 수없이 올라온다.

그런데 글이라는 것은 수학처럼 1+1=2라고 딱 떨어지는 공식이 있는 것은 아니다. 그리고 어떤 사람들은 좋아하는 글이 어떤 사람들에게는 호감을 주지 못하고, 호응을 얻지 못한다. 그만큼 글은 주관적인 것이기도 하다. 그러나 수많은 사람을 끌어당기는 글은 분명히 있다. 그런 글들을 보면 대부분 흥미로운 이야기가 담겨 있거나 또는 이야기의 힘을 갖고 있다.

나는 기자로서 온갖 사건 현장을 다니다 보니 사람들에게 이런 질문을 많이 받는다. "가장 신기하거나 흥미로운 사건은 뭐예요?"

사람들은 드라마에 나올 법한 특별한 일들을 경험했는지 궁금한 것이다. 그럴 때면 다음의 이야기를 들려준다.

"수습 때 처음 나간 현장취재였어요. 그때가 수습을 시작한 지 채 한 달이 안 된 때였는데, 밤 10시가 넘어 야간 당직 선배가 전화를 걸어 지하 공사하는 곳에 불이 났으니 가보라고 했어요. 택시를 타고 현장에 도착했는데 소방차의 불빛이 번쩍번쩍하고 여기저기 구경하는 사람들이 잔뜩 모여 있었어요. 불이 난 곳은 도로 지하의 공사장이었어요. 현장에 가면 불이 얼마나 크게 났고 소방관들이 얼마나 맹렬하게 진화 작업을 하는지 확인하면 될 거라고 생각했는데 현장은 완전히 달랐어요. 그때 선배의 말이 떠올랐어요. '대충 보지 마라.' 그런데 지하에서 불이 났으니 뭘 볼 수가 있어야죠. 그런데 저쪽에 지하로 가는 통로가 보이는 거예요. 나는 그곳으로 가면 불난 곳이 나오고 물을 뿌리고 있는 소방관들을 볼 수 있을 거라고 생각했죠.

숭숭 구멍 뚫린 철판과 파이프를 엮어 만든 간이 계단이 지하로 이어져 있었는데, 조금 내려가다 보니 계단이 꺾이고 꺾이면서 지하로 이어졌어요. 그래도 첫 현장인데 직접 눈으로 봐야지 하면서 한참을 내려갔어요. 그런데 내려가도 계단은 끝이 보이지 않고, 눈코입으로 연기가 들어오기 시작했어요. 갑자기 숨이 턱 막혀 이러다 죽겠다 싶어서 정신을 차리고 방향을 틀어 다시 계단을 올라갔

죠. 그런데 올라가는 길이 너무 멀게 느껴졌어요. 다행히 저 멀리 출입구가 보이는 거예요. 전력을 다해서 밖으로 뛰쳐나오자 신선한 공기에 숨통이 탁 트이더라니까요. 나와서 거울을 봤는데 어디서 묻었는지 얼굴에 검댕이 잔뜩 묻어 있는 거예요. 첫 현장이었는데 취재 제대로 했다니까요. 지금도 생각하면 아찔해요."

첫 현장취재에 대한 나의 이 스토리는 언제 어디서나 사람들의 관심을 끄는 데 꽤 효과적이었다. 이처럼 흥미로운 이야기는 언제나 사람들의 관심과 반응을 이끌어낸다.

뉴스에서도 스토리는 중요한 매개체다. 스토리가 없는 뉴스는 시청자들의 이해도를 높이고, 또 그들을 사로잡기가 쉽지 않다. 그래서 기자에게는 사례자를 찾는 것이 취재의 시작이자 끝인 경우가 많다.

예를 들어 신종 사기 수법에 관한 뉴스라면 그 피해자가 나오면 뉴스에 대한 이해도가 달라진다. 피해자가 왜 감쪽같이 속았는지 당시 상황을 직접 이야기해주면 시청자는 딱딱한 기자의 설명보다 훨씬 심각하게 느끼게 된다. '나도 당할 수 있겠구나'라는 생각이 들면서 경각심이 느껴지기 때문이다.

반면 사람들의 스토리가 전혀 없는 기사는 어떨까? 예를 들어 경제 상황이 심각하다는 사실을 보여주는 수치와 그래프만으로 가득 채워진 리포트를 떠올려보자. 마치 교과서를 보는 것처럼 어렵기도 하고 다른 세상 이야기처럼 멀게 느껴지기도 할 것이다. 그래서 기자들은 그러한 이슈를 다룰 때도 짧게라도 시민들의 인터뷰를 넣어서 시청자들과의 공감대를 만들어간다. "장보기가 겁나요"라는 시민의 한마디가 수치만 나열하는 것보다 시청자에게는 훨씬 더 크게 와닿기 때문이다. '나도 그런데'라는 공감대의 형성은 뉴스를 '체감'하도록 이끄는 요인이 된다.

아침 뉴스를 진행할 때도 그러했다. 팀원들은 언제나 뉴스를 입증해줄 수 있는 당사자를 찾기 위해 애썼다. 가뭄 소식을 전할 때는 비가 오지 않아서 농사가 힘든 농민을 찾아나섰다. 꿀벌들이 갑자기 사라지는 이른바 '꿀벌 실종 사태'를 다룰 때는 양봉업자를 연결했다. 벌들이 날아다니는 벌통 앞에서 생방송으로 인터뷰하던 양봉업자의 모습은 지금도 떠오를 정도다. 이런 날은 실제로 시청자들의 반응도 평소보다 훨씬 좋았다. 시청자들에게는 당사자들의 이야기가 전문가들이 그 원인을 학문적으로 설명하는 것보다 더 전달력이 크기 때문이다.

이렇게 스토리는 사람을 끌어당기는 강력한 힘이 있다.

이제 당신의 스토리를 떠올려보자. 자신의 경험에 하나하나 새겨진 기억을 꺼내보자. 만약 일기가 있다면 꺼내 보는 것도 좋다. 나는 취재수첩을 전부 모아두었다. 소소하게 적어둔 현장의 기록이 언젠가 내가 글을 쓸 때 중요하게 쓰이지 않을까 라는 생각이 들었기 때문이다.

이런 기록이 없더라도 상관없다. 자신이 뭔가 깨우침을 얻었던 경험은 여전히 당신의 머릿속에 남아 있을 것이다. 그 기억은 당신의 글쓰기를 위한 소중한 자산이다. 이제 기억을 되새기며 당신의 소중한 경험을 하나하나 적어보자.

당신의 스토리를 여기에 적어보세요.
훌륭한 글감이 될 것입니다.

언론고시를 통과하게 해준 힘, 글쓰기의 기본기

나는 이른바 언론고시라고 부르는 언론사 시험 4수 끝에 방송국 기자가 되었다. 그래서 서른 살에도 여전히 백수였다. 서른이 되자 취업의 마지막 데드라인이라는 절박함이 느껴졌다. 나는 경제학을 전공했는데, 나의 대학 동기 대부분은 은행이나 기업에 취업한 지 몇 년이 지난 상태여서 당시 나는 동기 모임에도 나가지 못한 채 언론고시를 준비하는 스터디 모임의 친구들만 만나며 취업 준비를 하고 있었다.

그러던 어느 날 문득 '이렇게 살 수는 없다!'는 생각이 들었다. 그래서 언론고시 준비를 위해 참가하던 스터디 모임을 나가지 않고 집 근처 독서실에 등록했다. 나는 그 후로 작고 어두운 나만의 공간에서 조명 하나에 의지한 채 시간을 보내기 시작했다. 참여하고 있던 언론사 시험 준비 스터디도 전부 정리했다. 불안한 마음에 여기저기 스터디만 기웃거리다 정작 내가 부족하고 필요한 부분을 채우지 못하고 있다는 생각이 번뜩 들었던 것이다.

스터디 모임에 참가해 준비를 많이 해도 정작 시험장에서는 펜을 들어 글을 쓰려면 머릿속이 하얘지면서 글이 잘 써지지 않았다. 그래서 나는 전략을 수정해 글쓰기의 기본기를 다지는 데 시간을 쓰기로 했다.

독서실에 들어갈 때는 휴대전화를 절대 켜지 않는다는 원칙을 세웠다. 시계를 보지 않기 위해서였다. 그리고 오로지 책에만 집중했다. 책의 분야는 가리지 않았지만 언론사 시험에 나올 만한 분야와 관련된 책들을 골라서 열심히 읽었다. 해외 석학부터 국내 고등학생이 쓴 책까지 광범위하게 읽었다. 정해놓은 분량을 다 읽기 전에는 자리에서 일어나지 않고 읽고 또 읽었다. 다만 눈으로 읽은 것이 아니라 머리로 읽었다.

모임에 참가하며 책을 읽었을 때는 읽는다는 것에 중점을 두었다. 그러나 이때는 읽는 것보다 얼마나 이해를 하느냐가 훨씬 중요함을 깨닫고 실천했다. 그래서 책의 주제를 파악하고 현재 내가 사는 세상과 연관 지어 생각하는 데 많은 시간을 보냈다. 책을 읽을 때는 사회 이슈에 대한 내 생각과 논리를 강화하기 위한 근거로 활용할 수 있는 내용인지 생각했다.

그리고 이 과정을 노트에 그대로 정리했다. 책에서 읽은 인상적인 문단을 옮겨 적고, 내가 생각한 주제를 정리했다. 또 그 밑에 이와 관련해 떠오르는 최근의 현안들을 주욱 적어놓았다. 그리고 그 현안에 대한 나의 의견과 그 근거로서 이 책의 내용을 어떻게 활용할 수 있는지에 대해 썼다.

책에서 좋은 문장이나 단상을 건지고 현안과 연결하고 나의 주장을 강화하는 근거로 활용하는 것은 글쓰기의 기본적인 방식이다. 그런데 이런 과정은 글을 읽고 주제를 파악하는 힘을 기르는 좋은 방법이기도 했다.

취업 4수생이라는 벼랑 끝에 서서 내가 선택한 것은 결국 글쓰기의 기본으로 돌아가는 것이었고, 언론고시의 문을 드디어 통과하게 해준 것은 바로 글쓰기의 기본기였다. 독서실에서 혼자 앉아서 했던 일은 노트에 열심히 정리하고 연상하는 작업을 반복하는 것이었다. '오늘 읽은 내용은 최근 어떤 이슈와 연결할 수 있겠구나. 어떤 주장을 할 때 이걸 근거로 활용할 수 있겠구나'라고 끊임없이 연습하다 보니 책을 보면 저절로 머리가 그렇게 돌아가기 시작했다.

언론사 시험에서 글쓰기 시험은 보통 논술과 작문으로 이루어진다. 논술은 대부분 특정한 사회 현상에 대한 자신의 의견을 쓰는 것이다. 그런데 작문은 다르다. 보통 작문 시험의 주제는 현안을 직접 제시하지 않는다. 대신 추상적인 단어를 주제어로 주는 경우가 많다.

내가 응시했던 한 언론사 시험에서는 '신뢰'라는 주제어가 주어진 적이 있다. 이때 정부에 대한 국민의 신뢰가 중요함을 언급한 해외 석학의 발언이 생각나서 일사천리로 글을 썼었다. 정부는 국민의 신뢰를 얻는 것이 중요하다는 석학의 발언을 인용해 글을 열고, 당시 정부가 약속했던 정책이 제자리걸음인 점을 지적했다. 그리고 이런 상황이 정부 신뢰도에도 좋지 않은 영향을 미친다는 것을 여론조사 수치를 인용해 보여주었다. 결론에서는 정책의 변화를 촉구하며 글을 마무리했다. '신뢰'라는 주제어를 정부와 연결할 수 있게 한 석학의 발언과 최근 정부 정책을 둘러싼 논란, 국민 신뢰도 수치 등 그간 꾸준히 준비한 것들을 엮어 한편의 글을 완성할 수 있었다.

이처럼 언론사 시험에서는 별로 상관없어 보이는 단어들을 가지고 잘 조합해 사회 현상과 연결되는 부분을 찾고, 이에 대한 개인적인 의견을 제시하고, 그 근거를 구체적으로 들어야 했다. 만약 기본기가 갖추어져 있지 않았으면 쉽게 쓸 수 없었을 것이다. 그런 점에서 글쓰기의 기본기를 갖추기 위해 시간을 투자하고 열심히 노력했던 방법이 매우 유효했다. 활용할 소재도 풍부했고, 무엇보다 논리적인 근거를 탄탄히 펼칠 수 있었다. 끊임없는 연상 과정을 통해 생각의 가지를 뻗쳐나갔던 연습은 추상적인 단어를 가지고 거기에서 실제적인 메시지를 끌어내는 데 큰 도움이 되었다.

모든 것이 그렇지만 글쓰기도 결국 기본기가 가장 중요하다.

그리고 기본기를 갖추기 위해서는 다음의 몇 가지를 실천해야 한다.

가장 먼저 최대한 많이 읽는 것이다. 넘치도록 인풋을 하지 않으면 쉽게 아웃풋을 할 수 없다. 100의 인풋을 했다면 아마 아웃풋으로 나오는 것은 20도 채 되지 않을 것이다. 그래서 수없이 읽어야 한다. 또한 사고의 지평을 넓히기 위해 분야를 가리지 말고 다양한 분야를 읽어야 자신의 콘텐츠도 풍부해진다.

추사 김정희는 "가슴속에 만 권의 책이 들어 있어야 그것이 흘러넘쳐서 그림과 글씨가 된다"라고 했는데, 충분한 인풋이 있어야 비로소 창작이 가능함을 말하고 있다.

둘째, 한국어 단어를 공부하자. 학창시절 영어공부를 위해 영어사전을 열심히 들여다보며 영어 단어를 공부한 경험이 있을 것이다. 그러면 한국어 사전을 열심히 찾으며 한국어 단어를 공부한 적이 있는가? 대부분의 사람이 한국어가 모국어라는 이유로 단어 공부를 등한시한다. 그러나 글을 잘 쓰기 위해서는 단어에 능숙해야 한다. 글은 단어라는 벽돌로 쌓은 문장의 집과 같다.

같은 의미의 단어라 해도 구어체에서 쓰는 단어와 문어체에서 쓰는 단어가 다르다. 그리고 비슷해 보이지만 정확한 의미가 다른 단어가 많다. 예를 들어 '떠벌리다'와 '떠벌이다'를 생각해보자. 국립국어원 단어 뜻에 따르면, '떠벌리다'는 이야기를 과장하여 늘어놓다는 의미이고, '떠벌이다'는 굉장한 규모로 차리다라는 의미다.

이처럼 단어를 많이 그리고 정확하게 알고 있어야 글에서 자유자재로 단어를 구사할 수 있다.

셋째, 눈으로 읽지 말고 머리와 손으로 읽으며 체화하자. 눈으로만 책을 읽으면 그것은 내 것이 되지 않고, 쌓이지 않는다. 머리로 읽으며 글의 지도를 그리고 손으로 쓰면서 체화하는 연습을 수없이 하다 보면 저절로 글이 써지는 순간이 온다. 그리고 좋은 문구나 구절들은 쓰면서 다시 한 번 머리에 각인하고, 또 글쓰기의 소재나 인용할 내용으로서 기록해두자. 내용을 정리할 나만의 노트를 만드는 것은 좋은 방법이다. 손은 곧 제2의 두뇌다.

그럼 이제 최근에 읽은 책의 내용을 떠올려보자. 그 책의 주제는 무엇이었는지 떠올려보자. 그리고 내 주변의 일들과 연결해보자. 만약 소설을 읽었다면 '이 이야기는 아직도 세상에 인정이 남아 있다는 걸 보여주려는 것 같아. 아, 내 주변에도 비슷하게 어려움에 처한 친구가 있었는데, 그 친구는 잘 지내나 모르겠네. 그런데 소설 속 주인공은 이렇게 잘 이겨냈는데 그 친구도 힘냈으면 좋겠다'와 같은 생각들이 가지를 쳐나가면서 글을 만들어나가게 된다.

이제 다음 페이지에 생각한 내용들을 구체적으로 적어보자.

최근에 읽은 책의 내용을 떠올리며 당신의 생각을 꼬리에 꼬리를 물면서 전개해보세요

무궁무진한 글감 소재를
찾아내는 법

기자 초년생 시절에는 모든 것이 긴장감의 연속이었다. 야근을 할 때면 보도국 한구석 책상에서 전화를 돌리는 것이 주 업무였다. 언제 어디서 어떤 사건이 터질지 전혀 알 수가 없어 항상 대기 상태였다. 특히 내가 놓친 사건·사고가 다른 방송국 아침 6시 뉴스에 나오는 불상사는 막아야 했다. 그래서 매시간 전국 소방서에 전화를 돌려 혹시 대형 사고가 터져 소방대원들이 출동한 사실은 없는지 확인했다. 또 한전에는 정전이 난 곳은 없는지, 해경에는 바다에서 일어난 사고는 없는지 확인했다.

전화를 돌리는 일 이외에 걸려오는 전화를 받는 것도 중요한 업무였다. 한번은 한밤중에 사무실에 전화가 걸려왔다. 전화를 받자 상대가 다짜고짜 이렇게 말했다.

"시간이 거꾸로 가요!"

"네? 무슨 말씀이세요?"

"시간이 거꾸로 간다니까요?"

방송국에는 워낙 별의별 전화가 다 걸려오기 때문에 속으로 '오늘은 시간여행자께서 전화를 하셨구나'라고 생각했다. 엉뚱한 이야기를 하는 노인분이라고 생각했다. 어떻게 좋게 전화를 끊을까 고민하다가 순간 무슨 이야기인지 들어봐야겠다는 생각이 스쳐서 다시 물어보았다.

"시간이 거꾸로 흐른다는 게 시침이 거꾸로 간다는 말씀이세요?"

"아니, 휴대전화 시간이요. 지금 밤 10시인데, 갑자기 오후 2시로 바뀌더라니까. 나만 그런 게 아니에요. 우리 집사람 휴대전화도 그래."

처음에는 무슨 황당한 이야기인가 싶었는데 듣다 보니 노인분의 목소리는 진지하고 무게감이 있었다. 게다가 시침이 달린 손목시계나 전자시계가 아니라 휴대전화 시간이 이상하다는 이야기를 들으니 뭔가 짐작 가는 부분이 있었다. 휴대전화 시계는 위성 신호에 따라가는 것이다. 그렇다면 타임머신 같은 황당한 이야기를 하고 있는 것이 아니라 위성에 문제가 있을 수도 있다는 생각이 순간 머리를 스쳤다. 그래서 전화를 끊고 바로 제보자에게 달려갔다. 그리고 우여곡절 끝에 그 지역 일대에서 휴대전화 시간이 제각각

이상하게 움직이고 있다는 사실을 알게 되었다. 그렇게 취재를 하고 무엇인가가 위성 신호를 방해해 휴대전화 시간이 뒤엉키는 일이 발생했다고 보도했다.

그런데 나중에 알고 보니 이 사건은 대단한 특종이었다. 휴대전화 시간이 거꾸로 움직인 이유는 위성을 방해하는 전파가 있었기 때문이다. 그런데 그 방해전파를 쏜 곳이 바로 북한 개성이었다. 다시 말해, 북한이 우리 위성을 방해하는 전파를 쏘아서 우리나라 군대가 어떻게 대응하는지 시험을 하려고 했다는 것이다. 이것은 새로운 형태의 전파전을 미리 시험해본 대형 사건이었다.

뉴스도 그렇고 책 쓰기도 그렇고 사실 소재 전쟁이라 할 수 있다. 뭔가 사람들에게 큰 관심을 불러일으킬 수 있는 뉴스거리를 찾아나서는 것은 결코 쉽지 않다. 또한 수많은 뉴스와 책들이 쏟아져나오다 보니 하늘 아래 새로운 이야기가 없고 서로 비슷비슷하다. 그런데 사람들의 말을 잘 경청해보면 하늘 아래 새로운 이야기를 만날 확률이 커진다. 뉴스의 경우 전화기 너머 제보자의 말에서 뉴스가 시작되는 경우가 매우 많다. 그래서 내가 기자일을 하며 한 가지 배운 사실은 '뉴스는 듣는 데서 시작된다'는 것이다.

그런데 이런 사실을 깨닫기 전까지 나는 듣는 데 매우 소홀했다. 기자 초년생 시절에는 길거리에서 시민을 인터뷰하거나 전문가를 만날 때 기사 취지에 맞는 멘트를 빨리 따내는 데만 급급했다. 리포트에 쓰기 좋게 15초 안에 핵심적인 내용이 정확히 나오기를 바랐다. 그러다 보니 오로지 정답을 빨리 말하도록 하기 위해서 애썼다. 그 사람이 무슨 이야기를 하는지 듣기보다는 내가 원하는 답을 정확히 말해주기만을 바랐다. 그러나 그것은 타인의 의견을 끌어내는 것이 아니라 결론적으로 내 머릿속에 맴도는 생각을 타인의 입을 빌려 말하는 것에 불과했다.

하지만 경험이 쌓인 지금은 인터뷰이의 말을 듣는 것이 무엇보다 중요함을 잘 알고 있다. 그들의 이야기를 잘 듣고 대화를 이어가는 것은 풀리지 않던 기사의 해답을 찾거나 생각지도 못한 새로운 주제를 건져내는 데 아주 중요한 계기가 되기도 한다.

사건팀 데스크가 되어 후배들 기사를 봐주는 요즘에는 가장 자주 하는 말이 "그래서 뭐래?"가 되었다. 취재원 또는 전문가의 말에서 문제의 핵심을 찾으라는 말이다. 나는 후배들에게 그들의 말에서 미처 발견하지 못한 문제나 대책, 주제를 찾아보라고 조언해준다. 그렇게 하기 위해서는 항상 많이 묻고 잘 들어야 한다.

글의 소재들을 끊임없이 발굴하기 위해서는 잘 들어야 한다. 주변 사람들과의 사소한 대화, 가족들과 나누는 일상의 이야기들, 누군가의 고민과 조언 등 이런 모든 것이 이야기의 좋은 소재가 될 수 있다.

글쓰기를 위해서는 혼자 사색하고 생각을 정리하는 것도 중요하지만, 누군가를 만나 신나게 수다를 떠는 것도 중요하다. 누구네 아들은 요즘 취업이 영 안 된다더라, 요즘 신입사원들은 회식을 어디서 해야 좋아한다더라, 누구는 회사를 퇴직했는데 무슨 가게를 열어 수입이 쏠쏠하다더라 등등 끊임없이 쏟아지는 말의 홍수 속에서 아이디어가 생겨날 수도 있고, 요즘 트렌드를 배울 수도 있고, 또 좋은 소재를 얻을 수도 있을 것이다.

또한 듣기보다 말하는 게 좋더라도 자신의 말에 대한 상대의 반응을 잘 듣고 살피는 것이 중요하다. 나는 일부러 취재 중인 이슈에 대해 친구들에게 이야기하며 반응을 살펴본다. 어떤 포인트에서 그들이 분개하는지, 흥미로워하는지, 궁금증을 갖는지를 확인한다. 가끔 "그게 뭐가 문제야?"라는 반응이 나올 때도 있는데, 그것은 곧 '취재하는 사안이 공감받지 못하는 것'이라는 지표로서 보완책을 구상하게 된다.

또 내가 구상한 글감을 말로 풀어내며 친구들의 반응을 살피는 경우도 있다. 눈을 크게 뜨고 흥미를 갖는지, 별다른 호응이 없는지 등을 살펴보면 글감에 대한 대중의 반응을 예상하는 중요한 척도가 되기도 한다.

글쓰기에서 사람들의 흥미를 끌고 또 새로운 소재는 늘 목마르면서도 가장 중요한 포인트가 아닐 수 없다. 그래서 고만고만한 책을 쓰고 싶지 않다면 늘 많이 보고, 많이 듣고, 많이 관찰하도록 하자. 다양한 사람들 속에서 다양한 소재를 발굴하는 능력은 끊임없이 책 쓰기를 할 수 있는 원동력이 된다.

콘텐츠를 만들어가는 질문법

한때 통일부를 담당해 취재를 한 적이 있다. 통일부 기자는 매일 아침 북한 매체의 기사들을 훑어본다. 기사에서 북한의 숨겨진 의도를 분석하고, 또 앞으로 그들이 어떻게 행동할지를 전망하는 것이 통일부 기자의 중요한 업무 중 하나이기 때문이다.

북한의 대외매체인 〈조선중앙통신〉에는 김정은 국무위원장의 일정이 대문에 실리는데, 한번은 기사에서 특이점이 있었다. 새로 지은 중앙간부학교를 방문한 김정은 위원장의 뒷배경으로 신축 건물들이 보였다. 그런데 특이점이 두 가지가 있었다. 김정은 위원장의 사진이 할아버지인 김일성 주석, 김정일 국방위원장 사진과 나란히 걸렸다는 점이었다. 또 다른 하나는 레닌과 마르크스 초상화가 건너편 건물에 커다랗게 걸려 있다는 것이었다. 뭔가 평소와 다르다는 것은 알겠는데 그 의미는 알 수가 없었다. 이럴 때는 전문가의 도움을 받아야 한다. 그래서 이 분야의 저명한 교수님들에게 전화를 걸었다. 그리고 다음과 같은 대화가 오갔다.

나: "교수님, 김정은 위원장 초상화가 선대와 같이 걸린 건 무슨 이유일까요?"

교수: "그건 선대의 후광에서 벗어나 독자적인 우상화에 나서겠다는 것으로 보여요. 특히 당 중앙간부학교에 그렇게 초상화를 같이 걸었다는 데에도 의미가 있어 보여요, '김정은 사상'을 구체화해 하나씩 공개하지 않을까 싶어요."

나: "그럼 레닌과 마르크스 초상화는 왜 걸었을까요?"

교수: "사회주의 본류인 두 인물을 통해 러시아를 중심으로 한 과거 사회주의 국가들 간의 연대를 강화하겠다는 의미가 아닐까요? 푸틴 러시아 대통령 방북을 앞두고 분위기를 조성하려는 측면도 있을 거고요. 사상의 토대가 같다고 말하려는 의도가 있는 거죠."

나: "푸틴 대통령이 방북하면 어떤 이벤트가 있을까요?"

교수: "공동성명을 발표하는지 봐야 하는데, 관계를 격상한다든지…."

나: "북한에 무기 관련 기술을 전수할지도 중요하다던데요?"

교수: "위성 발사 기술을 얘기하는데, 대륙간 탄도미사일 핵심 기술까지 이전할지는 모르겠어요. 당장은 러시아가 우크라이나 전쟁

에서 무기가 필요하지만 장기적으로 북한과의 관계에서 어떤 이득을 볼 수 있는지 고민할 것 같아요."

나는 사진 한 장에 대한 의문을 갖고 대화를 시작했지만, 대화는 엄청나게 다양한 주제로 뻗어나갔다. 위의 내용은 비록 몇 분 동안의 대화이지만, 나는 리포트를 최소한 다섯 개는 쓸 수 있을 정도의 아이디어와 정보를 얻을 수 있었다. 김정은 위원장 사진이 선대와 같이 걸린 것의 의미, 레닌과 마르크스 사진의 의미, 푸틴 러시아 대통령 방북 시 예상되는 논의 주제, 러시아가 북한에 전수할 것으로 보이는 군사 기술, 북러 관계 전망까지.

우리는 좋은 질문을 통해 상대의 지식과 의견을 끌어낼 수 있고, 그 속에서 보석 같은 정보와 지식을 얻을 수 있다. 그리고 이것은 자신의 콘텐츠 창고에 저장되어 글을 쓸 때 좋은 재료가 된다.

사건팀 데스크로 자리를 옮기고 나서는 매일 매 순간 범죄자들에 대한 기사에 파묻혀 살고 있다. 사회적으로 주목받는 사건은 피의자들의 구속 여부도 큰 관심 사안이다. 검찰이나 경찰이 혐의를 얼마나 입증했는지 짐작해 볼 수 있고, 법원이 혐의를 얼마나 중대하게 보는지도 가늠해볼 수 있기 때문이다. 또 앞으로의 쟁점 사안을 따져보는 기회이기도 하다. 이럴 때 기사는 기본적으로 육하원칙에 따라 다음과 같은 구조를 갖는다.

누가 어떤 혐의로 구속영장이 청구돼 영장 실질심사를 받는다.

이 피의자는 언제 누구에게 어떤 범행을 저지른 혐의를 받는다. 앞서 피해자는 어떤 입장을 밝혔다. 이 피의자는 뭐라고 주장했다. 결과는 이르면 오늘 밤 나올 것으로 보인다.

그런데 여기서 전문가와의 대화를 통해 기사를 더 흥미롭게 바꿀 수 있다. 예를 들어 변호사와의 통화를 상상해보자.

나: "혐의의 쟁점이 뭔가요?"

변호사: "협박이죠. 피의자는 협박한 적이 없다고 주장하는데 피해자는 협박당했다고 말하잖아요. 피의자가 피해자에게 한 말이 협박으로 느껴질 만한 정황이 있는지가 중요해 보여요."

나: "법원에서는 영장 심사를 하면서 뭘 중요하게 볼까요?"

변호사: "법원은 영장을 발부할 때 도주와 증거 인멸의 우려, 사안의 중대성 등을 봐요. 그런데 이번 사건은 사회적으로 공분을 사고 있으니 사안의 중대성 측면에서 영장을 발부할 가능성도 있다고 볼 수 있겠죠?"

나: "만약 영장을 발부한다면 앞으로 경찰은 뭘 중점적으로 볼까요?"

변호사: "앞서 얘기한 것처럼 협박이냐 아니냐, 이 부분을 집중적으로 볼 거 같아요. 주고받은 말이나 메시지 등을 통해 피해자가 압박감을 느낄 만한 정황이 있는지를 밝히는 데 중점을 둘 거예요."

이 통화를 통해 처음 기사 구성의 뼈대에 살을 붙이고 수사 쟁점이라는 포인트까지 추가함으로써 내용이 충실해지고 완성도를 갖추게 되었다. 이처럼 혼자 생각하는 데에는 큰 한계가 있다. 그러나 다른 사람과 대화를 하다 보면 보이지 않는 것도 보이고, 새로운 실마리를 찾게 된다. 그래서 기사를 쓰는 데 헤매고 있는 후배를 보면 언제나 이렇게 말해준다. "전문가와 통화해 봐."

실타래처럼 꼬인 기사를 잘 풀어내고 싶은데 방법이 안 보일 때, 한 걸음 더 나아간 메시지를 전달하고 싶은데 잘 모르겠을 때는 전문가와의 대화가 문제를 단번에 풀 수 있는 방법이다.

이때 질문법은 매우 중요하다. 그냥 "이건 뭔가요?"라는 식의 단답을 요구하는 질문으로는 풍성한 내용의 답변을 얻을 수 없다. 가장 좋은 방법은 질문 리스트를 사전에 정리해 질문하는 것이다. 그러나 그보다 더 좋은 방법은 대화를 하면서 그 속에서 새로운 질문을 이어가며 흐름을 타는 것이다. 그러면 생각지 못한 아이디어와 해답을 얻을 때가 많다.

글을 쓸 때도 이러한 방법은 유용하다. 다양한 질문을 통해 영감을 받거나 소재를 얻고 방향을 잡아나갈 수 있다. 다만 상대방의 이야기를 시답지 않게 받아들이고 건성으로 듣는다면 이런 기회는 얻을 수 없다. 누군가와의 대화 시간을 감사히 여기며 열심히 듣고 열심히 질문하자. 그리고 무엇보다 흥미를 느끼는 것이 중요하다. 흥미롭게 느껴져야 대화에 적극적으로 참여하게 되고 상대의 말에 귀 기울이게 되기 때문이다. 대화에 호감과 흥미가 느껴지면 자연스레 맞장구도 치면서 다양한 방향으로 이야기가 전개되기 마련이다. 그리고 필요하다면 기록으로 남겨서 나중에 다시 볼 수 있도록 하자.

이러한 대화를 통해 얻는 단상들은 모두 글의 소재가 될 수 있다. 또 중요한 한 가지는 질문하고 답을 구할 대상에 구분을 두지 말자는 것이다. 되도록 다양한 사람과 만나 다양한 이야기를 나누다 보면 글감도 그만큼 더 풍부해진다.

잘 고른 이슈가
글의 차별성을 만든다

한 방송사의 입사 시험 중에서 기사 작성 시험을 볼 때의 일이다. 국립공원에 지원자들을 데려다놓고 자유 주제로 기사를 쓰게 하는 전형이었다. 지원자들은 현장에서 관찰한 것을 바탕으로 가상의 리포트 기사를 작성해야 했다.

넓디넓은 국립공원에서 하나의 주제를 찾아서 글을 쓰자니 정말 막막했다. 국립공원의 특성을 담아내는 주제가 분명하게 드러나고 시의성이 있는 글을 써야 했다. 또한 평가자들이 쉽게 이해할 수 있도록 해야 했다. 그러나 무엇보다 방송 기사 작성 시험인 만큼 생생한 현장감을 살려야 했다. 열심히 고민하며 이리저리 둘러보던 순간 내가 생각한 여러 가지 조건을 충족시켜줄 만한 장면이 포착되었다.

"나는 절에는 안 간다니까. 그런데 왜 돈을 내야 한다는 거예요?"

국립공원 매표소 앞에서 등산복을 입은 한 아저씨가 직원과 실랑이를 벌이고 있었다. 아저씨는 자신은 등산만 하려고 하는데 문화재 관람료를 왜 내야 하느냐고 따지고 있었다. 실랑이는 한참 동안 이어졌고, 나는 마치 연극 무대를 보는 것처럼 그들의 말이 대사처럼 들려왔다. 심지어 나를 위해 상황을 만들어 준 것 같은 느낌이 들었다.

당시 국립공원 입장료는 폐지된 이후였지만 문화재 관람료는 그대로 남아 있었다. 그래서 국립공원은 무료라고 생각하고 산을 찾은 등산객들은 입구에서 여전히 입장료를 받으니 항의하는 일이 벌어지곤 했다. 그런데 기사로만 접했던 사실을 눈앞에서 목격하게 된 것이다.

나는 열심히 항의하던 아저씨가 떠나자마자 매표소로 달려갔다. 매표소 직원의 도움이 필요했기 때문이다. 나는 직원에게 조심스럽게 여러 가지를 물어보았다.

"방금 저 아저씨는 왜 저렇게 화가 나신 거예요?"

매표소 직원은 시큰둥한 표정으로 대답했다.

"사찰은 안 갈 건데 왜 돈을 내야 하냐는 거예요."

순간 머릿속에서 불이 번쩍 하고 들어왔다.

"이런 일이 자주 있나요?"

매표소 직원은 별일 아니라는 표정으로 대답했다.

"종종 있어요. 무료입장인 줄 알았는데 입구에서 돈을 받으니까 황당하다는 거죠. 산에 오는 분들이 많은 주말에 이런 일이 잦아요."

나는 보았던 장면과 직원의 말을 토대로 막힘없이 기사를 써 내려갔다. 아저씨가 매표소 직원에게 언성을 높이며 항의하던 모습을 묘사하고, 매표소 직원과 직접 나눈 대화를 인터뷰 형식으로 넣었다. 그다음으로 이렇게 입구에서 사찰 입장료를 받는 국립공원이 이곳뿐만이 아니라는 점을 지적했다. 마지막에는 이러한 상황을 해소할 것을 촉구하며 기사를 마무리했다.

당시에는 어떻게 평소 관심을 갖고 봤던 이슈가 눈앞에서 딱 펼쳐질 수 있는지 정말 큰 행운이라고 생각했었다. 그런데 기자생활을 하며 매일 글을 쓰다 보니 그것은 결코 행운이 아니었음을 알게 되었다.

평소에 여러 가지 사회 이슈에 관심을 갖지 않는다면 똑같은 광경을 목격하더라도 그것이 문제인지 전혀 인식하지 못하고 그냥 지나치게 된다. 만약 그때 그 문제가 내가 관심을 갖고 있던 사안이 아니었다면 나는 어떤 성질 나쁜 아저씨가 애꿎은 매표소 직원에게 화를 내고 있다고 생각하고 지나쳤을 것이다. 그런데 그 장면을 '포착'하고 바로 기사로 연결할 수 있었던 것은 바로 '관심'이었다. 평소 이슈에 대한 나의 관심이 눈앞의 장면을 기회로 포착하고 생명을 불어넣은 것이다.

당시에 나는 매일 아침 신문을 두세 개씩 읽고, 매주 시사주간지를 챙겨서 보았다. 그리고 흥미로운 뉴스는 가위로 오려 노트에 붙여두었다. 정성스럽게 스크랩한 노트는 글감을 찾는 데 중요한 참고자료가 되어 주었다. 그러한 작업은 시간이 꽤 걸리는 일이었다. 하지만 그러한 평소의 노력이 시험장에서 곧바로 기사의 소재를 알아보도록 한 밑바탕이 되었다.

글을 쓰는 기자가 된 지금은 이슈에 대한 관심은 일상이 되었다. 내가 담당하는 분야에서 무슨 일이 벌어지는지, 주요 이슈가 무엇인지, 사람들이 어디에 관심이 있는지를 매일 알아본다. 휴대전화로 끊임없이 뉴스를 확인하고, 포털 사이트에 올라온 사회 섹션의 기사들을 훑어보느라 바쁘다. 혹시 놓친 이슈가 없는지 확인하기 위한 것이기도 하고, 내가 데스킹을 본 기사의 경우 다른 언론에서는 어떻게 다르게 다루었는지 보려는 의도이기도 하다. 다른 기자들은 제목을 어떻게 뽑았는지, 주제를 무엇으로 잡았는지 확인하는 일은 내 글의 발전을 위한 필수작업이다.

아침방송 앵커를 할 때도 하루 종일 휴대전화를 놓지 못했다. 끊임없이 온갖 분야의 기사를 읽으며 이슈에 대한 감을 유지하지 위해서 노력했다. 주요 이슈들의 진행 상황을 매일, 매 순간 확인했다고 해도 과언이 아니다. 이렇게 한 이유는 중요 사안들의 진행 상황을 파악하고 내용을 이해하고 있어야 제대로 전달할 수 있기 때문이다. 언제 어떤 속보가 터질지 전혀 알 수 없는데, 한 줄짜리 속보가 갑자기 던져졌을 때 최대한 잘 전달하기 위해서였다.

그런데 무엇보다 중요한 사실은 이러한 노력이 끊임없이 새로운 이슈를 생산하는 토대가 된다는 점이다. 다른 언론이 무슨 이야기를 하고 있는지, 사람들이 어디에 관심을 두는지 살피다 보면 아이디어가 샘솟는다. 어떤 이슈를 다뤄봐야겠다든지, 어떤 분야의 누구를 인터뷰해야겠다든지, 어떤 자료를 살펴봐야겠다는 등의 아이디어를 얻게 된다.

아침 뉴스를 진행할 때는 매일 아침방송이 끝나면 팀원들이 모여 한두 시간씩 회의를 진행했다. 우리는 대중이 관심을 갖는 주요 이슈를 어떻게 다룰지, 아직 부각되지 않은 흥미로운 이슈에 대해 어떻게 접근할지 등에 대해 끊임없이 토론했다. 남들보다 한발 앞서 새로운 이슈를 다루기 위한 노력이었다.

글을 쓰는 것도 마찬가지다. 글의 소재와 주제 발굴을 위한 세상사에 대한 관심은 옵션이 아니라 필수다. 어느 날 갑자기 글감이 머릿속에 번득이는 일은 없다. 만약 뇌리를 스치듯 주제가 떠올랐다면, 그것은 평소 쌓아온 지식과 세상에 대한 관심에서 나온 결과물이다.

그래서 글을 잘 쓰기 위해서는 세상을 끊임없이 관찰할 필요가 있다. 책을 읽는 것뿐만 아니라 언론 기사들을 보고, 거기에 달린 댓글까지 살펴보는 것이 좋다. 국내뿐 아니라 국제 이슈에 대한 기사를 보고 거기에 달린 반응을 통해 여론까지 살펴보는 것도 좋다. 댓글 읽기는 다른 사람들이 어떤 생각을 갖고 있는지 쉽게 알 수 있는 방법 중 하나다.

또 인기 있는 영화나 드라마를 보고 예능 프로그램도 보자. 유튜브의 다양한 콘텐츠도 구분을 두지 말고 살펴보자. '내가 왜 이런 데 시간을 쓰나'라는 생각이 들 수도 있겠지만, 일부러라도 그런 시간을 만들어보자. 세상이 어떻게 돌아가는지, 트렌드가 어떻게 흘러가는지를 관심 있게 살펴보는 일은 글쓰기를 위한 재료를 발굴하는 과정이다.

최근 크게 이슈가 되고 있는 10대 이슈를 적어보고 그것에
대한 자신의 의견을 전개해보세요.

사람들이
내 글을 읽어야 하는 이유가
글의 콘셉트가 된다

언론사 취업 준비를 시작한 뒤 학교 언론시험준비반 첫 수업이 있던 날이었다. 교수님은 '아파트'라는 단어를 우리에게 제시했다. 우리는 마치 시험을 보는 것처럼 각자 한 시간 동안 열심히 글을 썼다. 경제학도인 내가 '아파트'라는 제시어만 받고 몇 장의 글을 쓰자니 처음에는 눈앞이 캄캄했다.

나는 의식의 흐름을 따라 생각나는 대로 종이에 그야말로 글자를 채우기 시작했다. 아파트라는 단어를 보자 가장 먼저 어릴 적 놀러 갔던 친척 집이 떠올랐다. 지방 소도시에 새로 지은 아파트였던 친척 집은 내게는 신세계처럼 느껴졌다. 거실에서 내려다본 풍경은 창밖으로 골목길만 보였던 우리 집과 달리 마치 그림이라도 보는 듯했고, 현관문을 열면 바로 이웃집이 있는 것이 마냥 신기하기만 했다. 또 나는 집 앞에서 모래를 갖고 놀던 것이 전부였지만, 아파트 안에는 미끄럼틀을 비롯해 철봉 등 여러 놀이기구가 있는 것도 새로웠다. 나는 아파트를 처음 보았던 그때의 그 감정들을 작문에 전부 담았다. 처음에는 아파트라는 제시어를 보았을 때 너무 막막했는데, 써내려가다 보니 그때의 많은 감정들이 떠올랐고, 그러한 감상들로 종이를 가득 채우자 내심 뿌듯하기도 했다.

그런데 교수님께서 내 작문을 읽으시고 이렇게 말씀하셨다.

"그래서 자네가 하고 싶은 이야기가 뭐지?"

나는 쭈뼛거리며 대답했다.

"어릴 적 봤던 아파트에 대한 기억을 되살려 봤습니다."

그러자 교수님께서 다시 이렇게 물으셨다.

"그래서 그게 어떤 의미가 있는 건가?"

교수님의 말씀은 나의 어릴 적 아파트에 대한 단상을 나열한 것이 글을 읽는 사람에게 어떤 메시지를 건네느냐는 의미였다. 나는 그에 대해 어떤 대답도 할 수가 없었다. 애초에 내가 하고 싶은 말이 무엇인지도 모른 채 떠오르는 생각들을 나열했기 때문이다.

그런데 글을 쓸 때 많은 사람이 이런 실수를 한다. 많은 사람에게 보여주는 글이나 또는 책쓰기는 일기를 적는 일이 아니다. 글을 쓰는 사람은 나이지만, 글을 읽는 사람은 내가 아닌 타인들이다. 그래서 글이나 책쓰기의 타깃은 내가 아닌 타인이다. 그렇다면 내가 쓰고 싶은 글을 쓰더라도 읽는 사람에게 무엇인가를 주어야 한다. 그것은 공감이 될 수도 있고, 정보가 될 수도 있으며, 메시지가 될 수도 있다. 만약 이러한 것이 빠진 채 나의 생각과 감상만 가득 차 있다면 그 글이나 책은 상대에게 어필할 수가 없다.

이제 아파트라는 제시어를 받는다면 나는 이렇게 글을 전개할 것이다.

어릴 적 신축 아파트를 보고 느꼈던 신기함과 부러움 ⇨ 지금도 신축 아파트는 여전히 신기하고 부러운 대상 ⇨ 그런데 이제 더 부러운 건 가격 ⇨ 다시 오르는 아파트 가격 ⇨ 원인과 대책

사회 이슈와 연결해 접근한 방법이다. 논리적 흐름과 근거는 기사와 전문가 인터뷰 등을 통해 채워 나갈 수 있을 것이다. 또는 아파트가 부러웠지만 우리 집 앞 골목길에서 친구들과 어울릴 수 있는 게 더 좋았다는 기억을 되살려 난개발을 우려하는 글을 다음과 같이 전개할 수도 있을 것이다.

신축 아파트에서 느낀 놀라움 ⇨ 그런데 놀이터가 아니면 놀 곳이 없었다. 계단을 오르고 초인종을 눌러 친구를 부르러 가는 것도 쉽지 않았다. ⇨ 집에 돌아와 친구들 집을 하나하나 돌며 대문 앞에서 힘차게 이름을 불렀다. 그렇게 모여 골목 여기저기를 신나게 뛰어다니며 놀았다. ⇨ 요즘은 골목길마다 재개발 현수막이 눈에 띈다. 골목

길의 추억이 사라지는 요즘, 동네를 허물고 아파트를 짓는 게 유일한 대안일까? 골목길을 살리면서도 개발하는 방법은 없을까?

나는 아파트라는 단어를 집값과 재개발이라는 사회 이슈와 연결해 보았는데, 누군가는 친구 이야기를 할 수도 있을 것이고, 교육 문제와 연결할 수도 있을 것이다. 주제가 뭐가 되었든 단어 자체에 대한 1차원적인 접근에서 한발 더 나아가려고 노력한 결과물이라 할 수 있다. 그리고 이렇게 글을 쓰다 보면 쓰면서 주제가 더 명확해진다.

우리는 글을 쓸 때 스스로에게 "그래서 하고 싶은 이야기가 뭐지?"라고 끊임없이 물으며 글이 자기 자신에게 갇히지 않도록 해야 한다. 일기가 아닌 이상 내 글을 읽고 내 책을 읽는 사람은 타인이기 때문이다.

마케팅 이론에서 세그멘테이션(Segmentation)과 타깃팅(Targeting)이라는 개념이 있다. 소비자를 그들의 니즈(Needs)에 따라 구분하고 공략 가능한 그룹에 전략적으로 홍보하는 것을 말한다. 방송에서도 이런 전략은 매우 중요하다. 아이템을 선정할 때도 가장 먼저 그 시간대 주 시청자층이 누구인지를 조사해본다. 그들이 누구인지, 어떤 이슈에 관심을 갖는지 연구하는 일은 시청률을 견인할 아이템을 선정하기 위한 중요한 단계다.

방송에서 시청률은 매우 중요한 '목적'이기 때문이다. 그래서 뉴스에서도 50대 여성이 주 시청자층이라면 건강 관련 이슈를, 아이 엄마들이 주로 보는 시간대라면 영유아 사이 유행하는 전염병 관련 뉴스를, 중장년층 남성이 주 시청자층이라면 정치 이슈를 브리핑이나 인터뷰 주제로 정하곤 한다. 주 시청자층의 관심사에 맞아떨어진 아이템을 준비한 날에는 시청자들의 관심도 높았고, 자연히 그 이슈가 큰 반향을 일으켰다.

특히 책쓰기에서는 타깃팅과 포지셔닝이 매우 중요하다.

타깃팅이란 내 책을 구입할 독자층을 정하는 것이다. 막연히 모든 사람을 독자층으로 정하면 오히려 팔리지 않을 수 있다. 내 책을 구입할 만한 독자층을 세분화해서 정할수록 책의 색깔이 명확해진다. 만약 주 타깃층에게 큰 인기를 얻게 되면 그 이외의 타깃층으로 쉽게 확산될 수 있다.

포지셔닝이란 드넓은 출판시장에서 내 책이 위치할 콘셉트를 정하는 과정이다. 온라인 서점에서 도서 카테고리를 보면 인문서, 자기계발서, 경제경영서, 소설, 에세이, 실용서, 수험서 등 분야가 나뉘는 것을 볼 수 있다. 그리고 여기에서 분야별로 또 세분화해 나누어진다. 그 수많은 분야에서 내 책이 정확하게 어디에 위치할지 분명한 콘셉트를 정해야 책의 타깃도 명확해진다.

타깃과 포지셔닝을 정하면 그 목표를 따라 내가 독자들에게 줄 수 있는 것이 무엇인지를 명확하게 알고 글의 내용을 일목요연하게 전개해갈 수 있다.

기사도 마찬가지다. 기사를 쓰는 이유가 바로 기사의 주제다. 그것이 새로운 수사 결과일 수도 있고, 정책 소개일 수도 있다. 그 수사 결과를 비트는 다른 목격자의 주장일 수도 있고, 잘못된 수사에 대한 비판일 수도 있다. 정책에 대한 시장의 반응일 수도 있고, 정책을 보완하라는 제언일 수도 있다. 이렇게 기사를 쓰는 이유를 분명히 인지하고 그것을 부각해야 시청자도 기사를 보며 쉽게 이해할 수 있다. 이를 위해서는 기사를 쓰는 사람이 기사를 쓰는 내내 주제와의 끈을 놓치지 않아야 한다.

글을 쓸 때는 가장 먼저 내 글을 읽는 사람이 왜 내 글을 읽어야 하는지를 생각해보자. 책쓰기라면 독자가 돈을 내고 내 책을 사볼 이유가 무엇인지를 생각해보자. 그 한 줄의 이유가 글의 전체를 끌고나가는 핵심포인트가 된다.

글은 글자로 하는 상대와의 커뮤니케이션이다

언론사 시험을 준비하던 시절 작문 시간이었다. 나는 도입부를 다음과 같이 썼다.

'바스락'

어디선가 나는 소리에 움찔했다. 혹시 내가 싸 온 샌드위치 때문일까? 온갖 생각이 머릿속을 스쳤다.

'곰을 만나면 나무 위에 올라가도 소용없다던데, 등을 보이고 달리지 말라고 했던가. 이렇게 내 인생이 끝나는 건가.'

생각하던 찰나, 숲속에서 다람쥐 한 마리가 바스락 소리를 내며 움직이는 게 보였다. 안도의 한숨을 내쉬었다.

나는 위의 도입부에 이어서 총 2페이지짜리 작문을 완성하고는 의기양양해 있었다. '나의 경험을 이렇게 긴박하게 잘 살려내다니'라며 뿌듯해했다. 그리고 자신만만하게 주변 친구들에게 나의 작문을 읽어 보라며 내밀었다.

나는 내심 친구들이 "대단하다"라고 감탄하기를 기대했다. 그런데 다음과 같은 반응이 돌아왔다.

"재밌네. 그런데 이건 왜 쓴 거야?"

"왜 쓰긴? 작문 시험 대비해서 쓴 거지."

"시험장에서 이런 글을 써내겠다고?"

"왜, 안 돼?"

"이건 기행문 같은데? 언론사 작문 시험이 기행문을 쓰는 건 아닌 것 같은데. 그리고 한 시간 안에 이렇게 긴 글을 쓸 수 있어?"

친구들의 반응을 통해 나는 글을 쓸 때 잊지 말아야 할 한 가지를 배울 수 있었다. 바로 목적에 맞는 글쓰기의 중요성이다. 언론사 시험에서는 사회 이슈에 대해 얼마나 아는지, 그에 대해 어떤 생각을 갖고 있는지, 논리적으로 설득력 있게 설명할 수 있는지가 중요하다.

만약 내가 평가위원이라면 '음, 이 지원자는 여행을 많이 했군. 아주 흥미로운 경험을 했네'라고 생각하며 높은 점수를 주지는 않을 것이다. 언론사 작문 시험은 이런 것을 평가하는 시험이 아니기 때문이다. 또한 시험에서 글을 얼마나 수려하게 쓰느냐가 당락을 크게 좌우하지는 않는다. 왜냐하면 작가를 뽑는 시험이 아니기 때문이다.

그 후로 나는 전략적 글쓰기를 연습했다. 목적에 맞는 글을 빨리 쓸 수 있도록 하는 연습이었다. 언론사 시험인 만큼 사회적 이슈에 대한 나의 의견과 대책을 제시하는 데 초점을 맞췄다. 흥미로운 이야기로 시작하더라도 거기서 그치지 않기 위해 노력했다. 사회 이슈와 연결하고 그러면서도 논리적인 흐름을 갖추는 게 중요했다. 글의 길이도 신경을 썼는데 보통 60분 제한 시간 안에 글을 완성해야 하는 만큼 너무 길어지지 않도록 했다.

그래서 개인적인 경험이나 책에서 읽은 내용 등 흥미로운 사례, 이를 통해 본 사회 현상, 통계 등 일반화 과정, 대안 이렇게 4문단으로 글을 구성했다. 팩트와 논리를 강조하고 감성을 배제하는 방식의 글쓰기였다.

그런데 시험에 합격하고 기자일을 하면서 현장에서 글을 쓰다 보니 그것 이외에 더 필요한 부분들이 있었다. 기사란 세상일을 글로 쓰는 작업이다. 그런 만큼 취재 대상에 접근하는 방법이나 이야기를 풀어내는 방식도 다양하다. 사회부와 정치부에 있었을 때는 주로 사건·사고를 객관적으로 전달하거나 정치인들의 발언을 중심으로 기사를 쓰는 데 익숙했다.

그러던 어느 날, 전혀 다른 포맷의 리포트를 제작하게 되었다. 시민들의 일상을 뉴스 리포트로 다루는 코너의 아이템을 맡게 된 것이다. 그동안 써오던 기사의 색깔과 많이 달라서 처음에는 자신이 없었다. 평범한 사람의 일상에서 특별한 주제를 찾아내는 것이 쉽지 않게 느껴졌다. 또 다른 문제는 기사를 쓰는 방식이었다. 이것은 사건 현장을 묘사하고, 피의자들이 어떤 방식으로 범행을 저질렀고, 그래서 경찰이 이들을 어떻게 일망타진했는지와는 결이 달랐다. 또는 정치인이 뭐라고 말했고 이에 대해 상대 당이 뭐라고 비판했다는 식의 기사와도 전혀 다른 글이었다.

이때 내가 맡은 주제는 '연탄공장의 하루'였다. 갓 만들어져 나온 연탄을 나르고 트럭에 쌓고 지게에 옮겨 배달하는 것까지 함께하며 그 모습들을 화면에 담았다. 공장에서 쉼 없이 연탄을 나르는 내가 힘들어 쩔쩔매는 모습이나 다리를 휘청거리며 지게를 지고 다니는 모습이 카메라에 자연스럽게 담겼다. 기사로 강조하고 싶었던 것은 요즘은 많이 잊히고 있지만 연탄은 여전히 누군가의 방을 따뜻하게 데워주고 있고, 그 뒤에 이런 고마운 분들이 있다는 점이었다. 글도 기존에 썼던 기사와 달리 연탄공장의 하루를 풀어내면서도 과하지 않은 한 방울의 감성을 더했다. 그 결과 시청자들에게 보여주고자 했던 내용을 충분히 전달할 수 있었다.

글쓰기나 책쓰기는 이처럼 목적에 따라 다른 접근이 필요하다. 우선 내가 쓰고 싶은 글이 무엇인지 생각해보아야 한다. 감성을 나누는 에세이를 쓰고 싶은지, 경험과 지식을 전달하는 자기계발이나 경제경영서인지 또는 실용서인지 방향을 결정해야 한다. 그것을 분명히 하고 나면 그에 따른 접근법이 달라질 것이다.

특히 많은 직장인이 어려워하는 것 중의 하나가 보고서다. 보고서는 자신의 능력을 보여주는 하나의 잣대가 될 수 있으므로 보고서를 잘 쓰는 것은 조직생활에서 경쟁력이 될 수 있다.

퍼스널 브랜딩의 내용을 담고 있는 《당신의 매력을 브랜딩하라》에 보고서 쓰기에 관한 좋은 내용이 있어 소개하고자 한다.

"상사의 성격유형과 선호도를 파악해서 문서형식 중에서도 한글이나 워드, 혹은 PPT 등의 작성방법을 결정하도록 합니다. 사전에 상사의 성향을 파악해서 선호하는 형식과 방법을 선택하는 것은 결과와 직결되는 중요한 사항입니다.

상사의 입장에서는 바쁜 와중에 이 보고서를 왜 받아야 하는 것인지 그 이유와 필요성(Why)을 생각할 것입니다. 이 단계는 보고서 내용이 무엇이고 어떤 이유로 보고하는지(보고서의 핵심이자 결론이기도 함)를 가장 먼저 설명해야 합니다. 때로는 상사가 보고서를 요청하는 경우도 있는데 이런 경우는 상사가 궁금해하는 사항이므로 신속하게 상사가 원하는 방식으로 보고를 할수록 결과가 좋습니다. 일반 업무 보고는 상사가 요구하기 전에 상사가 궁금해할 것을 인지하고 중간 보고를 하는 것이 바람직합니다. 그 보고서가 타당하다면 현재 어떤 것이 문제(What)이고, 실제 상황이 어떤지 한눈에 쉽고 빠르게 알고 싶을 것입니다. 그리고 그 보고서를 통해 회사에 긍정적인 영향을 줄 수 있는 다음 계획(Plan)과 업무행동,

또는 다른 기획을 기대하고 요구할 것입니다. 이때 상사의 성향에 따라 시각적인 자료를 많이 쓸 것인지의 여부를 결정하면 됩니다. 대부분은 한눈에 들어오는 시각적인 자료를 선호합니다. 글보다는 시각적인 자료가 내용을 한눈에 파악하기 쉽기 때문입니다.

업무 보고 목적의 관점에서 본다면, 이 보고가 조직에 미칠 영향과 결과를 예측해 보고서에 반영해야 합니다. 조직의 업무나 성과에 미치는 영향이 없다면 그 보고서는 가치가 없는 것과 같습니다.

이 보고서 내용을 계획하고 실행했을 때 그 결과는 무엇인가를 생각하면서 작성해야 합니다. 그 보고서가 분명히 조직에 긍정적인 영향을 미치거나 조직의 문제해결을 위한 가치가 있는 것이어서 상사로부터 OK를 받아야 한다면 보고서 작성을 할 때 Why에 대한 근거자료를 잘 준비해야 합니다. 그리고 다음 단계의 실행계획과 실행 이후의 예상되는 결과를 보기 쉽게 정리해야 보고의 목적을 달성할 수 있을 뿐만 아니라 보고서의 가치가 높아집니다."

요약하자면, 보고서의 경우 윗사람에게 보여주는 목적의 글이므로 상대가 원하는 내용이 명확하게 들어가 있어야 하며, 한눈에 보기 쉽도록 정리해야 높은 점수를 얻을 수 있다는 것이다.

글은 글자를 통해 상대 또는 세상과 소통하는 커뮤니케이션이라는 점을 명심하자.

독자의 마음을 사는
공감의 글을 쓰자

어떤 책을 읽었을 때 나이에 따라 그 책이 다르게 다가오는 경험을 할 때가 많다. 그 이유는 나의 경험에 따라 공감의 정도가 달라지기 때문이다.

공감은 상대의 마음을 사는 일이다. 우리는 누구나 자신을 이해해주고 위로해주는 사람에게 호감을 느낀다.

사실을 전달하는 뉴스도 마찬가지다. 기본적으로 상대에 대한 관심과 공감이 바탕에 깔려 있어야 한다. 언젠가 선배로부터 이런 질문을 받은 적이 있다.

"불이 난 집 앞에 망연자실한 채 앉아 있는 아주머니를 인터뷰해야 한다면 어떻게 할래?"

나는 한 치의 망설임도 없이 이렇게 답했다.

"얼마나 놀라셨어요. 힘드시겠지만 상황이 어땠는지 여쭤봐도 될까요?"

물론 답을 얻기 위한 가식이 아니라 진심에서 우러난 말이어야 한다. 중요한 점은 아무리 뉴스 취재라 해도 내가 원하는 기사를 쓰기 위해 대화를 시도해서는 안 된다는 것이다. 상대의 아픔을 이해하고 공감해주는 말과 행동이 선행되어야 상대의 마음을 얻고 자연스럽게 대화가 이어지면서 양질의 인터뷰를 할 수 있다.

그래서 나는 재난 현장이나 범죄 피해자들을 취재한 후배들이 취재를 마치고 돌아오면 이런 질문을 건넨다. "그래서 그분들이 바라는 건 뭐라고 해?"

예를들면, 기사는 체육관에서 이재민 생활을 하는 아파트 화재 피해 주민들 또는 스토킹 범죄 피해자들이 원하는 게 무엇인지, 이들이 가장 바라는 것이 무엇인지 보도하고 사회적 공감과 변화를 끌어내는 일이 중요하다. 이것은 피해 당사자들과 공감을 바탕으로 한 대화가 없으면 불가능하다.

또한 공감은 해법을 찾는 방법이기도 하다. 상대에 대한 이해를 바탕으로 무엇을 필요로 하는지 알고 그에 맞는 답을 줄 수 있기 때문이다.

공감은 상대의 마음을 여는 데 중요한 열쇠가 된다. 상대가 나와 비슷한 처지에 있다거나 내 생각과 비슷한 생각을 한다거나 마음이 통한다면 자연스럽게 그 사람의 말에 귀 기울이게 된다. 공감을 통해 우리는 서로를 이해하고 위로를 받으며 문제 해법에 대한 기대도 생기게 된다.

글쓰기에서 공감은 독자의 호응을 끌어내는 필살기와도 같다.

'나만 그런 게 아니구나.' 책을 읽다 이런 생각을 해보았을 것이다. '이 글을 쓴 작가도 나와 같은 어려움이 있었고, 결국 문제를 극복했구나'라는 공감대가 생기면 그 이야기로부터 감동을 받거나 용기를 얻게 된다. 또 나와 같은 생각을 하거나 경험을 한 사람이 있다는 그 사실 자체로 위로를 받기도 한다.

당신 삶에 대한 스토리도 공감을 줄 수 있는 좋은 글감이 될 수 있다. 그동안 쌓아온 자신만의 이력과 그 과정에서 직접 부딪치며 깨달은 것들이 존재할 것이다. 그 낱낱의 이야기들 속에서 사람들의 공감을 얻을 수 있는 포인트들을 살펴보자. 혼자 떠드는 이야기는 사람들의 호응을 얻기 어렵고 잘 팔리지 않는다. 그러나 상대의 가려운 곳을 긁어주는 글, 위로를 건네고 용기를 불러일으키는 글, 상대의 가슴을 파고들어 치유를 주는 글은 독자의 마음을 사로잡고 그들을 통해 퍼져나가며 생명력을 얻는다.

글쓰기에서 공감은 내 글에 생명력을 불어넣는 가장 중요한 요소다. 그렇다면 공감의 글쓰기를 하려면 어떻게 해야 할까?

내 입장에서 글을 쓰지 말고, 언제나 이 글을 읽을 독자의 입장에서 생각하고 헤아려보자. 글을 읽는 상대의 입장에서 글을 쓰면 내 입장에서 글을 쓸 때는 전혀 보이지 않던 많은 부분이 보이게 된다. 그리고 글을 읽는 상대가 원하는 것들을 보여줄 수 있다. 앞에서 말했듯이 공감은 상대의 마음을 사는 일이다. 공감의 글쓰기란 독자의 마음을 사로잡는 글을 쓰는 것이다.

공감의 글쓰기를 통해 독자와 소통하는 살아 있는 글을 써보자.

제2장

실전 글쓰기
노하우

글쓰기의
근력을 길러주는
구상도 그리기

언론사 시험 4수 차에 접어들었을 때, 독서실에 하루 종일 앉아 매일 책을 읽고 생각하고 정리를 하면서 내가 가장 많이 했던 것 중의 하나가 그림을 그리는 것이었다. 이른바 글쓰기를 위한 구상 노트다. 이것은 생각을 일목요연하게 정리하고 시각화해 논리적인 흐름을 잡아가는 데 효과적이다. 또한 구상 노트는 글을 쓰는 과정에서 다른 길로 빠지지 않고 처음에 가고자 한 목적지로 안내해주는 역할을 한다.

일단 노트를 펴고 가운데에 커다랗게 주제어를 적어보자. 그리고 어떤 소재를 활용해 이야기를 끌어갈 것인지 주제어 위에 나열해보자. 주제어와 그 위에 나열한 소재 사이에는 어떤 연결고리가 있는지 적어보자. 내가 왜 굳이 이 소재를 선택했는지에 대한 설명이라고 해도 무방하다. 소재를 통해 무슨 이야기를 하고자 하는지 적을 수도 있다. 떠오르는 대로 소재를 나열한 만큼 주제어와 연관성이 분명치 않은 경우도 있을 것이다. 그럴 때는 과감하게 지우자.

그리고 주제어 아래쪽에는 한 단계 발전시킨 자신의 생각을 적어보자. 이어서 이를 뒷받침할 근거나 보강할 수 있는 또 다른 소재를 적는다. 그리고 이를 통해 내린 나의 결론을 적는다. 주제어를 중심에 두고 흥미롭게 이야기를 시작해 생각을 발전시키며 결론을 도출하는 과정을 그림으로 그려보는 것이다.

위에서 이야기했던 '아파트'라는 주제어로 구상도를 그려보자.

노트 한가운데에 아파트라고 크게 적은 다음 커다랗게 동그라미를 치자. 그리고 그 위에 떠오르는 대로 이것저것 적어보자. 어릴 때 처음 친구네 아파트에 놀러 갔을 때의 기억을 적을 수도 있고, 집에 대한 유명한 철학자의 명언을 적을 수도 있을 것이다. 최근 아파트에 대한 기사나 책에서 읽은 이야기를 적어도 좋다.

그런 다음 주제어와 소재 사이의 연결고리를 적어보자. '아파트'라는 주제어와 '어릴 적 친구네 집에 놀러 갔던 기억'이라는 소재 사이에는 어떤 연결고리가 있을까?

나는 '처음 본 아파트에 대한 부러움', '좁은 놀이터를 보고 갑갑했던 마음' 같은 단상들이 떠오른다.

이번에는 주제어 아래에 한 단계 발전한 생각을 적는다. 나는

'요즘도 아파트를 보면 부러우면서도 갑갑한 마음이다. 치솟는 집 값을 보면 아파트를 가진 사람들이 부럽고, 나는 집을 언제 살 수 있을지 생각하면 갑갑하다'라고 적었다.

그다음으로 나만 그런 생각을 가진 것이 아니라는 사실을 구체적으로 보여줄 수 있는 통계나 기사, 또 다른 사례를 통해 이야기를 강화한다. 그리고 '요즘 아파트 가격이 또 치솟으니 대책이 필요하지 않을까?'라는 주제로 이야기를 확장해 갈 수 있을 것이다.

어떤 주제어라도 좋다. 이렇게 그림을 그려가며 자신의 생각을 구조화해보자.

지금까지 주제어에서 글쓰기를 시작하는 방법을 연습해봤다. 그런데 이와 반대 방식으로 구상도를 그리는 것도 가능하다. 소재에서 주제어와 주제를 찾아가는 방식이다. 소재가 될 만한 여러 가지 스토리나 사회 현상에서 공통의 특징을 찾고 주제를 찾아가는 것이다. 나의 소중한 경험들을 주욱 나열하고 여기에서 공통적으로 깨달은 바나 의미를 찾아보자.

최근 사회 현상 가운데 비슷한 배경을 가진 것들이 있는지 생각해 연결해보자. 그리고 나의 경험을 통해 깨달은 바를 요즘 사회 현상에 투영해 해석하거나 제언하는 글을 써보자.

예를 들어 나의 취업 4수생 시절 힘들었던 경험을 소재 삼아 요즘 경기 둔화로 신입사원을 잘 뽑지 않는 현실을 나의 경험과 연결해보면 다음과 같이 전개할 수 있을 것이다.

취업 준비생 시절 힘들었던 경험 ⇨ 지금도 취업 준비생들은 이런 경험을 할 것 ⇨ 구직난이 심각하기 때문 ⇨ 내가 그 시절을 보내며 깨달은 바 ⇨ 취업 준비생들에 대한 위로 또는 조언

내가 쓰고자 하는 주제어를 정하고 여기에 어울리는 소재를 찾아 주제를 확장하고 강화해 가는 방법, 또는 내가 가진 여러 소재에서 의미를 찾아 주제를 찾아가는 방법을 연습해보았다.

어떤 방향이든 내용이 무엇이든 여기서 중요한 점은 노트에 적든 머릿속에 그리든 평소에 글의 구조를 수시로 그려보자는 것이다. 어떤 소재로 어떤 주제의 글을 쓸 것이며, 이들 사이에 어떤 연관 관계가 있는지를 수시로 생각하며 글을 만드는 연습을 해보는 것이다.

그리고 자신의 경험을 반드시 사회 현상과 연결할 필요는 없다. 다만 사회적인 주제로 글을 확장할 경우 이슈와 연관된 독자들과의 공감대를 형성하는 데 좀 더 도움이 될 거라는 생각에서 이 같은 방식을 예시로 들어보았다. 개인적인 것에서 나아가 좀 더 사회적인 글쓰기를 해보자는 취지다.

이렇게 생각을 구조화하는 방식은 벼랑 끝에 서 있던 취업 4수생의 나를 기자의 길로 구제해주었다. 읽었던 책과 나의 경험을 여러 주제어와 연결하며 이야기를 발전시키는 연습 덕분에 마침내 언론고시를 통과할 수 있었다.

시험장에서 주제어를 받으면 머릿속에 있는 노트를 펴고 이전에 그렸던 그림들을 복기하며 글을 쓰기 전에 구조화하는 과정을 거쳤다. 그렇게 하면 주어진 짧은 시간 안에 완성도 있는 한 편의 글을 쓰는 일이 한결 수월했다.

이러한 연습은 기사를 쓰거나 원고를 쓸 때도 많은 도움이 된다. 구상 노트를 쓰던 버릇은 제보자의 이야기를 비롯한 여러 케이스에서 핵심적인 문제를 찾고, 그 원인을 짚으며 해법을 도출하는 방식으로 기사 개요를 잡는 데 큰 도움이 되었다. 이런저런 이야기로 복잡한 머릿속을 정리하며 글의 흐름을 잡는 과정은 실제 글을 쓰기 위한 중요한 첫걸음이라 할 수 있다.

나는 중계를 할 때, 특히 급하게 생중계를 해야 하는 상황에서도 이런 방법을 활용한다.

강원도에 산불 사고가 일어났을 때의 일이다. 밤새 지국에 있는 기자들이 생중계로 특보를 전할 만큼 당시의 상황은 매우 심각했다. 아침에 출근 준비를 하는데 강원도로 출동하라는 지시가 떨어졌다. 바로 짐을 챙겨 강원도로 떠난 나는 현장에 도착하자마자 중계를 해야 하는 상황이었다. 화마가 휩쓸고 간 곳은 말 그대로 폐허였다. 원고를 쓸 시간도 없었던 나는 주변을 재빨리 훑어보았다. 무너진 흙더미 앞에 막막한 표정으로 폐허를 바라보고 있는 아저씨 한 분이 있었다.

"어제 어떤 상황이었던 건가요?"

조심스럽게 묻는 내게 아저씨가 힘없는 목소리로 대답했다.

"여기가 우리 집이었어."

"네?"

믿을 수가 없었다. 산불에 집의 흔적조차 찾기 힘들 정도로 모든 것이 타버리고 아무것도 남아 있지 않았다. 그런 현장에서 대피한 당사자를 앞에 두고 나는 급박하게 질문을 이어갔다.

"혹시 어제 뭘 하시다가 빠져나오신 거예요?"

"저녁 먹다가 우르르 소리가 나서 급하게 나왔다니까. 그러고 나서 집이 이렇게 무너졌어."

아저씨와 대화를 하다 보니 산불이 마을을 덮쳤을 당시 상황이 머릿속에 저절로 그려졌다. 그리고 집이 있었다고 했던 장소 앞에 깨진 장독대가 보였다. 불과 몇 시간 전까지 자리를 지키고 있던 일상의 흔적이었다. 눈을 돌리니 옆에 서 있는 빨간색 벽돌집은 외벽에 금이 가 있었고, 내부에는 새까만 그을음이 가득했다. 그렇게 현장을 둘러보니 어느새 중계시간이 가까워지고 있었다. 나는 머릿속으로 몇 가지 포인트를 짚어가며 아래와 같이 구조를 그렸다.

현장에 오기까지 본 것들 ⇨ 현장 상황 1) 무너진 집 ⇨ 주민이 전한 다급했던 당시 상황 ⇨ 현장 상황 2) 장독대 등 구체적인 현장 모습 ⇨ 현장 상황 3) 옆집 상황과 불에 탄 내부 모습 ⇨ 피해 현황 ⇨ 관심과 지원 당부

재빨리 촬영기자와 동선을 맞춰본 뒤 카메라 앞에 섰다. 곧이어 앵커가 현장을 부르는 소리가 들렸다.

"밤사이 산불로 마을이 쑥대밭이 됐습니다. 현장에 취재기자가 나가 있습니다. 김대근 기자!"

나는 머릿속의 그림을 떠올리며 대답했다.

"네, 저는 지금 고성 산불 현장에 나와 있습니다. 오늘 서울에서 출발해 조금 전 이곳에 도착했는데요. 피해를 입지 않은 수 킬로미터 떨어진 곳에서도 바람을 타고 온 탄 냄새를 맡을 수 있었습니다. 그만큼 피해가 크다는 것을 멀리서도 알 수 있었는데요. 현장 상황은 이렇게 심각합니다. 이곳은 집이 있던 곳인데 밤사이 산불에 무너졌습니다. 이곳에 거주하던 주민을 만났는데요, 가족들이 저녁을 먹다가 '우르르' 소리를 듣고 급하게 빠져나왔다고 합니다. 얼마나 긴박한 상황이었는지 알 수 있습니다."

집터 앞으로 걸어가며 중계를 하던 나는 바닥에 떨어진 장독 조각을 집어서 들며 말을 이어갔다.

"이렇게 깨진 장독 조각이 어제까지 주민들이 평범한 일상을 보내고 있었다는 걸 보여줍니다. 옆에 있는 주택은 무너지지는 않았지만 역시 피해를 입었는데요. 벽에 금이 가 있고, 내부는 온통 그을렸습니다. 이렇게 순식간에 생활 터전을 잃은 주민들은 인근 대피소에 모여 있는데요. 앞으로의 생활이 막막한 상황입니다. 시청자 여러분도 많은 관심 가져주시길 바랍니다."

이렇게 중계가 끝나고 나는 안도의 한숨을 내쉬었다. 원고를 쓸 시간도 없이 현장을 한 번 둘러보고 바로 중계를 해야 했지만, 사고 없이 상황을 잘 전달할 수 있었던 것은 바로 내 머릿속에 그려진 구상도 그림 덕분이었다.

그럼 이제 자기만의 구상도를 그려보자. 주제어를 정하고 소재를 적고 연결고리를 생각하고, 그로부터 생각을 발전시키고, 주제를 끌어내보자. 또는 자신이 가진 여러 경험에서 의미를 찾고 이를 지금 우리가 사는 현실 어디에 투영할 수 있을지 생각해보자.

처음에는 쉬운 주제어로 시작해보자. 또는 무수히 많은 경험 중 일부를 떠올려보자. 노트를 펴고 또는 머릿속으로 이야기의 흐름을 그려보자. 글을 여는 이야기와 이를 통한 단상, 여기서 한 단계 더 나아간 이야기와 결론까지 구조를 그려보자.

머릿속에 그림을 그리는 것은 언제 어디서든 순발력 있게 글을 써내려갈 수 있도록 하는 글쓰기의 근력을 길러준다.

주제어를 정하고 그것에서 확장한 구상도를 그려보세요.

경험들을 나열하고 그것에서 공통된 주제를 찾아 글을 써보
세요

주제를 향한
일관된 흐름을 놓치지 말자

'무슨 이야기지?'

글을 읽다가 이런 생각이 들 때가 있을 것이다. 물론 독자가 다른 생각을 하느라 집중력이 떨어져서 그럴 수도 있다. 하지만 글이 독자를 잘 안내하지 못하는 경우 읽는 사람은 이런 생각을 하게 된다. 저자가 자신이 하고 싶은 이야기를 쉽게 설명하지 못하는 경우다. 자연스럽게 읽도록 하는 흐름을 방해하는 뭔가가 있거나 중요한 뭔가가 없기 때문일 것이다. 그래서 글은 독자를 끝까지 잘 이끌어가며 결론까지 잘 이해하도록 돕는 것이 중요하다. 이때 필요한 것은 논리적인 흐름이다.

논리적 글쓰기에서 중요한 점은 주제를 분명히 하는 것이다.

'이 글의 포인트가 뭐지?' 기사 데스킹을 할 때 내가 자주 묻는 말이다. 기사에서 가장 중요하게 보여주고자 하는 문제가 무엇이냐는 의미다. 글쓰기에서는 작가가 가장 중요하게 하려고 하는 이야기가 될 것이다. 글쓰기는 하고자 하는 말을 명쾌하게 정리하는 것이 중요한데, 작가가 그렇지 못할 경우 독자도 당연히 이해하기 어렵게 된다.

그래서 구상 노트를 쓰는 과정에서 주제를 명확히 하는 연습을 꾸준히 할 필요가 있다. 글쓰기는 자신이 잡은 주제를 독자에게 전달하는 과정이다. 이 과정에서 논리적인 흐름을 잘 보여줘야 독자가 주제를 쉽게 이해하게 된다.

주제를 정했다면 한편의 글은 이 주제를 강화하는 방향으로 나아가야 한다. 사례를 모으고 여기서 의미를 찾고 메시지를 전하는 과정이다. 당신은 경험을 통해 깨달은 바를 전하고 싶을 수도 있을 것이고, 또는 어떤 사회 현상의 의미를 분석하거나 여기서 보이는 문제의 해법을 제시하고 싶을 수도 있을 것이다.

간략하게 '사례 → 공통의 의미 → 주제' 또는 '현상 → 공통의 문제 → 해법' 이런 식으로 흐름을 그려볼 수 있다.

예를 들어 당신의 경험을 바탕으로 깨달은 바를 나누고 싶다면 '경험 → 또 다른 경험 → 다른 사람의 예시 → 공통점 → 깨달은 점 → 독자에게 전하고자 하는 조언' 이런 흐름을 생각할 수 있다.

사회적 문제를 지적하고자 한다면 '현상 → 또 다른 유사한 현상 → 이로 인한 문제점과 대책의 필요성 → 유사한 해결 사례 →

해법 제시' 같은 구조를 떠올려 볼 수 있다.

이런 식으로 흐름을 잡아가는 과정은 집을 지을 때 땅을 다지고 주춧돌을 놓는 기초공사를 하듯이 글쓰기에서 기초 공사를 하는 것과 같다. 자칫 자기 이야기만 잔뜩 하다가 아무런 메시지 없이 글을 끝마치거나 또는 생각했던 대책은 제시하지도 못하고 문제점만 나열하다 글이 끝날 수도 있기 때문이다.

이러한 단순한 구조를 그려보는 작업은 자신이 무엇을 쓰려고 하는지 잊지 않게 하고, 흐름을 잡아갈 수 있게 도와주는 방향키 역할을 한다.

그리고 이 과정에서 주제를 부각하기 위한 방법도 고민해야봐야 한다. 그 가운데 하나는 여러 사례를 보여주는 것이다. 만약 경험에서 깨달은 바를 전하고자 한다면 어떨까? 단 한 번 경험해본 것만으로 독자를 설득하기는 어렵다. 또한 신뢰를 얻기에 부족할 수 있다. 단 한 번의 경험이 아니라 오랜 기간 쌓인 다양한 경험을 바탕으로 이야기한다면 당신이 전하고자 하는 메시지에 신뢰가 더해질 수 있다.

당신의 연륜과 스토리가 힘이 되는 이유가 여기에 있다. 더 나아가 당신의 경험에 더해 이미 입증되거나 알려진 비슷한 사례를 소개하는 것도 한 방법이다. 이것은 개인의 스토리를 좀 더 일반화하는 과정이라 할 수 있다.

또 사회 현상을 이야기하는 경우는 어떨까? 예를 들어 정전이 일어났다고 가정해보자. 우리 집에서 정전이 일어났다면 이것만으로 이야깃거리가 되기는 쉽지 않다. 그런데 우리 집뿐만 아니라 아파트 전체 또는 동네 전체가 정전이 됐다면 이야기가 달라진다. 기자들이 이러한 상황을 취재할 때 "몇 세대나 피해를 입었냐"고 질문하는 까닭은 그러한 이유 때문이다.

만약 전염병이 돈다고 가정해보자. 이때 피해가 얼마나 큰지가 중요한 문제가 될 것이다. 수백 명을 넘어 수천 명 누적 감염자가 나왔다거나 급격하게 감염자가 늘어나는 상황이라면 심각성을 주시해야 한다. 비슷한 유형의 사고가 잇따른다면 이 또한 이야깃거리가 될 수 있다. 특정한 장소에서 사고가 반복된다면 단 한 번 사고가 났을 때보다 심각한 일로 받아들여질 것이다. 사회 현상을 지적하고자 한다면 반복적인 여러 사례를 보여주는 것이 효과적이다. 지적하고자 하는 문제가 '심각하다'는 사실을 사람들에게 느끼게 해주기 때문이다.

이러한 사례와 함께 관련 통계를 활용하는 것도 주제를 부각하기 위한 좋은 방법이다. 통계는 나라 전체 또는 전 세계적으로 이 문제가 얼마나 심각한지를 한눈에 보여준다.

반면 반전을 통해 주제를 부각할 수도 있다. 일반적인 상황과는 다른 특이한 현상이 생겼다거나 의도한 것과는 다른 결과가 나온 경우에 효과적인 방법이다. '보통은 이렇다. 그런데 이번에는 아니다. 그래서 문제다'라고 전개한다. 또는 '이런 결과를 기대했다. 하지만 그렇지 않다. 그래서 문제다'라는 식으로 보여주는 것이다.

이렇게 비슷한 사례를 열거하거나 반대 상황을 대비해 보여주며 주제를 향해 달려왔다면 이제 내가 말하고자 했던 결론을 분명히 하는 것을 잊지 말자. 주저리주저리 사례들만 열거하다 끝내는 것이 아니라 이를 통해 내가 하고자 하는 이야기를 분명히 하고 마무리 지어야 한다. 독자에게 주제를 분명히 전달하는 것은 내가 글을 쓰는 이유이기 때문이다. 처음에 그렸던 글의 구조를 완성하기 위해 글의 일관적인 흐름을 계속 신경 쓰면서 글을 쓰자.

이제 이러한 논리적인 흐름을 잡아가는 연습을 해보자. 이 과정에서 실용적인 도구를 활용하면 편리하다. 저자뿐만 아니라 독자에게도 유용한 도구는 바로 접속어다. 복잡하지 않게 생각의 흐름을 정리하고 독자에게도 분명히 보여줄 수 있기 때문이다. '그리고, 그런데, 하지만, 따라서' 같은 접속어는 글의 흐름을 잡아주는 나침반과 같은 역할을 한다. 위의 사례를 바탕으로 접속어를 활용해 문장을 써보자.

우리 집에 정전이 났다. '그런데' 이뿐만이 아니었다. 앞집도 정전이었고, 밖에 나와 보니 아파트 단지 전체가 깜깜해져 있었다.

A 씨는 몸에 열이 나고 수포가 생겼다. 병원에서는 새로운 종류의 질병이라고 했다. '그런데' 일주일 사이 이런 증상으로 병원을 방문

한 환자가 수백 명에 달했다. 질병청은 코로나19에 이어 또 다른 전염병이 발생했다고 발표했다.

눈 오는 날 골목길에서 넘어졌다. '그런데' 나뿐만이 아니었다. 10분 사이에 넘어진 사람이 대여섯 명은 됐다. '그리고' 이런 일은 올해만 있는 일이 아니었다. 작년에도, 재작년에도 겨울이면 반복되고 있었다.

만약 이야기 흐름에 변화를 주고 싶다면 어떻게 해야 할까? 반전 상황을 뒤에 보여주며 부각하는 방식으로 문장을 써보자. 지금까지 해온 이야기에 변화를 주며 본격적으로 하고자 하는 이야기를 강조하는 방식이다.

요즘 집값 상승세가 심상치 않자 정부에서는 잇따라 대책을 내놓고 있다. 수도권의 주택담보대출 한도를 줄이는 등의 정책을 추진했다. '하지만' 이런 정책으로 은행 대출이 어려워지면서 실수요자들까지 피해를 본다는 불만이 잇따르고 있다.

그리고 결론을 지어보자. 나의 글을 따라와 준 독자들에게 이제 결론이라는 사실을 분명히 보여주고 싶다면 이렇게 써보자.

올여름 역대급 무더위가 이어지면서 피해를 본 곳이 있다. 바로 재래시장이다. 시장 골목의 한증막 더위 때문에 야외에 있는 재래시장을 찾을 엄두가 나지 않기 때문이다. 그런 만큼 무더위를 피해 시장보다는 에어컨 바람이 시원한 대형 마트를 찾는 사람이 늘고 있다. 상인들도 무더위에 손님이 더 줄었다며 어려움을 호소한다.

'따라서' 무더위에도 재래시장에서 편하게 장을 볼 수 있는 대책이 필요하다. 상인들은 관련 시설을 설치할 수 있는 지원이 필요하다고 요구한다.

이렇게 접속어를 적절히 사용하며 생각의 흐름을 분명하게 보여주도록 연습하면서 또 하나 신경 써야 할 사항은 문단을 분명히 나눠주는 것이다. 아래 문단을 보자.

선생님은 아이들이 책을 많이 읽기를 바랐다. 그래서 아이들이 책을 한 권 읽을 때마다 칭찬 스티커를 하나씩 붙여주었다. 스티커를 붙인 종이를 교실 앞에 걸어두고 아이들이 경쟁하도록 유도하고자 했다. 그리고 일정량의 목표를 달성한 아이에게는 학용품을 선물로 줬지만, 아이들은 시큰둥했다. 아이들은 방과 후에 책을 읽기보다는 학원 숙제를 하는 게 더 급했기 때문이다.

선생님이 여러 방법을 동원해 아이들이 책을 읽도록 유도하고자 했지만 효과가 없었다는 내용의 글이다. 선생님의 생각대로 아이들이 따라주지 않았다는 부분이 중요한데, 잘 부각되지 않는다. 그런 경우 문단을 분명히 나눠주는 게 좋다. 아주 작은 변화지만 의미가 더 분명해지는 것을 볼 수 있다.

　선생님은 아이들이 책을 많이 읽기를 바랐다. 그래서 아이들이 책을 한 권 읽을 때마다 칭찬 스티커를 하나씩 붙여 주었다. 스티커를 붙인 종이를 교실 앞에 걸어두고 아이들이 경쟁하도록 유도하고자 했다. 그리고 일정량의 목표를 달성한 아이에게는 학용품을 선물로 줬다.

　하지만, 아이들의 반응은 시큰둥했다. 아이들은 방과 후에 책을 읽기보다는 학원 숙제를 하는 게 더 급했기 때문이다.

　그럼, 이제 이렇게 익힌 접속어를 활용해 자신의 생각을 글로 표현해보자. 구상 노트를 그리면서 했던 것처럼 하나의 이야기에서 시작해 점차 주제로 이야기를 확장해 가는 방식으로 4문단짜리 짧은 글을 써보자. 이 과정에서 위에서 익힌 접속어를 적절히 활용하며 이야기의 흐름을 시각적으로 보여주자. 이것이 익숙해졌다면 접속어를 직접적으로 사용하지 않아도 괜찮다. 자연스러운 흐름을 보여줄 수 있다면 충분하다. 나는 '글쓰기'를 주제어로 다음과 같은 짧은 글짓기를 해보았다.

알래스카를 여행할 때 할아버지 한 분을 만났다. 그분은 연세만큼이나 여행 경험도 풍부했다. 지금까지 다닌 세계 곳곳에 대한 흥미로운 이야기로 주변의 다른 여행객들을 사로잡았다.

나도 이런 경험이 있다. 기자가 된 이후 사람들은 기억에 남는 취재 현장에 대해 묻는 경우가 많다. 그럴 때마다 나는 사람들이 가장 흥미를 느낄 만한 경험담을 들려주며 관심을 집중시켰다.

흥미로운 경험담으로 사람들의 이목을 끄는 것은 글에서도 마찬가지다. 기사에서도 딱딱한 수치로 시작하는 것보다 사례로 이야기의 도입부를 시작하는 것이 더 흥미를 유발한다.

그런 만큼 당신의 경험을 글쓰기에 적극적으로 활용해보자. 주제에 걸맞은 경험을 선별해 소재로 활용하면 좀 더 흥미로운 글쓰기에 도전할 수 있을 것이다.

여기에 살을 붙여가면 글쓰기에서 경험의 중요성을 강조하는 한 편의 글이 완성될 것이다. 여기에는 '그리고, 그런데, 따라서' 같은 접속어가 직접 눈에 보이지는 않는다. 하지만 문단에 이 접속어를 넣어도 어색하지 않음을 느낄 것이다. 접속어를 활용하며 글의 논리적 흐름을 잡아가는 연습을 해보자.

하나의 주제를 정하고 그것을 강화하는 논리적인 흐름을
전개해보세요

각 문단은
주제와 역할이 있다

글의 논리적인 흐름과 이를 위한 도구로써 접속사 활용을 연습했다. 여기서 문단 나누기의 중요성도 언급했는데, 이번에는 더 구체적으로 문단 쓰기에 도전해보자. 문단은 글의 뼈대라 할 수 있다. 그런 만큼 중요하지 않은 문단은 없다. 모든 문단은 의미가 있다. 앞서 말한 것과 같이 문단은 글의 주제를 향한 항해에서 길을 잃지 않도록 독자를 안내하면서 여러 방식으로 주제를 부각하는 역할을 한다. 이를 위해 모든 문단은 저마다의 명확한 주제, 소주제가 있어야 한다. 이는 결국 전체 글의 대주제를 끌어내기 위한 분명한 역할을 해야 한다.

텔레비전을 보면 정부 관계자의 발언을 생중계할 때가 있다. 그런데 말하는 내용이 거의 동시에 자막으로 나오는 것을 보았을 것이다. 시청자들은 핵심 내용을 한 줄로 요약해 보여주는 빨간색 자막을 보며 주요 내용을 파악하기도 한다.

그렇다면 생중계에서 말하는 내용을 바로 자막으로 요약해 보여주는 일은 어떻게 가능한 것일까? 이것은 PD나 기자들이 생중계를 보면서 실시간으로 주요 내용을 한 문장으로 요약해서 보여주는 것이다. 물론 경우에 따라 원고를 미리 받아 준비해 두는 경우도 있다. 하지만 그렇지 않은 경우는 바로바로 요약해서 보여주는 것이다.

아마도 어떻게 그것이 가능한지 의문이 들 것이다. 한 문단 정도 되는 발언 내용을 듣는 것과 동시에 핵심 내용을 파악하고 짧은 한 문장으로 요약해 쓴다는 것이 결코 쉽지 않기 때문이다. 게다가 혹시라도 내용 파악을 잘못해서 엉뚱한 내용으로 요약한 자막을 내보낸다면 심각한 일이 아닐 수 없다. 그래서 이 작업은 할 때마다 긴장을 하지 않을 수 없고, 또 익숙해지는 데도 오랜 시간이 필요하다.

만약 여러분이 누군가 하는 말을 현장에서 바로 한 줄로 요약해야 한다고 가정해보자. 그런데 말하는 사람의 목소리가 작거나 발음이 부정확하다면 난감할 것이다. 일단 내용 파악부터 쉽지 않을 테니 말이다. 여기에 또 다른 변수가 있다. 내용이 명확치 않은 경우다. 말은 긴데 도통 무슨 말을 하는지 알 수 없다면 요약은 거의 불가능할 것이다.

정부의 발표 내용은 주제가 명확하고 문단별로 하고자 하는 이야기가 분명하다. 국민이 이해하기 쉽게 명확한 메시지를 전달해야 하기 때문이다. 이를 위해 사전에 여러 차례 검토하고 다듬는 과정을 거친다. 기자들에게 사전에 발표 원고를 제공할 때도 실제 발표 내용은 달라질 수 있다고 알리는 게 일반적인데, 그만큼 마지막까지 수정에 수정을 거친다는 의미다.

우리가 쓰는 글도 그래야 한다. 전 국민을 상대로 국가 비전을 발표하는 건 아니지만 소중한 독자가 내 이야기를 온전히 이해하고 흐름을 놓치지 않도록 하기 위해서 이러한 노력이 필요하다. 독자가 글을 읽으면서 동시에 한 줄 요약을 할 정도는 아니더라도 문단마다의 핵심 주제를 파악할 정도는 되어야 혼자 보는 글이 아니라 대중에게 내놓는 글이 될 수 있다.

<u>모든 문단에는 저마다의 주제가 있다. 이 문단이 전체 주제를 위해 어떤 역할을 하는지, 이를 위해 어떤 메시지를 전하고 있는지 분명히 하자.</u>

<u>각 문단의 주제만큼 중요한 것이 그 문단의 역할이다.</u> 각 문단에는 저마다의 역할이 있다. 보통 글을 구상할 때 '서론-본론-결론'을 떠올릴 것이다. 그런데 글이 길어질수록 이렇게 3문단만으로 구성되기는 어렵다. 특히 본론의 경우 주제에 따라 여러 문단으로 나누는 것이 보통이다. 중요한 점은 각 문단은 모두 주제를 끌어내고 부각하기 위한 역할을 해야 한다는 사실이다. 스타일에 따

라 이야기를 점점 더 확대하며 주제에 근접해 갈 수도 있고, 비슷한 사례를 열거하며 주제를 강화할 수도 있을 것이다.

아래는 가상의 상황이다. 이 글에서 각 문단의 소주제와 전체 글의 대주제, 그리고 대주제를 부각하기 위한 각 문단의 역할을 살펴보자.

A씨는 목감기가 심해 병원을 찾았다. 아침에 일어났는데 갑자기 몸살 기운이 있고 목이 아팠다. 그런데 병원을 가보니 A씨와 같은 증상으로 병원을 찾은 환자들이 많았다.

실제로 최근 질병관리청 자료를 보면, 지난달부터 한 달 동안 이런 증상으로 병원을 찾는 경우가 늘고 있다. 지난해 같은 기간에 비해 환자 수가 두 배로 증가했다.

그런데 이런 상황은 우리나라뿐만이 아니다. 세계보건기구 자료를 보면 최근 이런 증상을 보이는 환자는 세계적으로 늘어나고 있다.

전문가들은 이런 현상을 기상 이변의 영향으로 분석한다. 기록적인 폭염에 이어 기록적인 한파가 몰려오면서 이 같은 증상을 보이는 환자들이 늘고 있다는 것이다. 세계적인 기상 이변이 결국 인간의 건강에도 영향을 미치고 있다.

첫 번째 문단은 A씨와 주변의 사례를 이야기하고 있다. 그런데 두 번째 문단을 보니 이런 현상이 A씨 주변에 한정된 것이 아니라 전국적인 현상이라는 사실을 알 수 있다. 세 번째 문단으로 가보니 상황이 더 심각하게 느껴진다. 전 세계적으로 이런 현상이 나타나고 있다는 점을 보여주기 때문이다. 마지막 문단에 결론이 등장한다. 기상 이변이 사람들의 건강에 영향을 미치고 있다는 것이다.

각 문단의 주제를 알아보았으니 이번에는 역할에 대해 이야기 해보자. 윗글의 문단은 점층적으로 주제를 강화해 나가고 있다. 'A씨 사례 → 전국적인 현상 → 세계적인 현상 → 원인 분석' 이런 흐름을 통해 기상 이변이 개개인뿐만 아니라 우리나라, 더 나아가 세계적으로 문제를 일으킨다는 점을 보여주며 문제의 심각성을 부각하고 있다.

기사는 짧은 글인 만큼 한 문장 한 문장 고심을 하면서 쓰게 된다. 특히 방송 기사는 10문장이 조금 넘는 틀 안에서 핵심 내용을 모두 담아야 한다. 그런 만큼 모든 문장이 소중하다. 어떤 문장은 사실을 보여주고, 어떤 문장은 이를 뒷받침하는 근거를 보여준다. 또 어떤 문장은 이를 통해 추론한 내용을 전하기도 한다. 그리고 이런 과정은 전체적으로 전하고자 하는 주제를 부각하는 방향으로 나아간다. 비슷한 사례를 열거하기도 하고, 위의 예시처럼 뒤로 갈수록 더 심각하거나 범위가 넓은 사례와 근거를 제시하며 문제점을 강조하기도 한다. 어떤 경우에는 반대 사례를 잇달아 제시하며 반전 효과를 노리기도 한다.

글이나 책쓰기도 마찬가지다. 서론과 본론, 결론을 구성하는 각 문단에 어떤 내용을 담을 것인지, 그리고 주제를 부각하기 위해 각 문단에 어떤 역할을 맡길 것인지 고민해보자. 주제는 명확하고, 역할은 분명하게, 한 문단 한 문단 써나가보자. 촘촘하고 밀도 있게 글을 쓸수록 글의 완성도는 크게 높아진다.

문장에
다양한 감정들이 일어나도록
다채로운 표현을 쓰자

기사 데스킹을 하다 보면 감정적인 표현들이 눈에 띄게 많이 보이는 경우가 있다. '많이 슬픈, 가슴이 아픈' 등의 표현이 사연을 설명하는 데 편리할 수는 있지만, 어쩐지 감정을 강요하는 느낌이 들어 깊은 울림은 주지 못할 수도 있다.

기사의 전체적인 내용과 인터뷰를 통해서도 충분히 시청자의 감정을 자극할 수 있다. 그런데 '슬프다' '기쁘다' '가슴이 아프다' '화가 난다' 등등의 직접적인 단어를 반복해서 사용하면 오히려 시청자의 공감을 방해할 수 있다. 진행자가 슬픈 사연을 전하며 울음을 터뜨리면 오히려 시청자가 몰입하지 못하는 것과 비슷한 상황이라 할 수 있다. 만약 '당신도 슬프잖아요? 같이 울어요!'라고 말한다면 시청자는 오히려 그런 감정이 사라질 수도 있을 것이다.

글에서도 마찬가지다. 예를 들어 아래와 같은 문장을 생각해보자.

아들을 잃은 아버지는 명절이면 더 슬프다.

이 문장은 아버지의 심리 상태를 한 단어로 표현하고 있다. 문장 자체는 문제가 없다. 하지만 글을 읽는 독자가 감정이 이입하도록 하기는 쉽지 않다. 다음과 같이 문장을 조금 바꿔보자.

아버지는 명절이면 들떠서 신나 하던 아들의 표정이 떠올라 순간 기분이 좋아졌다. 하지만 이제는 그 표정을 볼 수 없다는 생각에 곧 먹먹해졌다.

독자들은 명절에 신나 하는 아이들 표정을 떠올리며 세상을 떠난 그 아들의 모습이 자연스레 상상이 될 것이다. 그러면 '슬프다'는 한 단어로 표현한 위의 문장을 읽을 때보다 아들을 잃은 아버지의 아픔이 좀 더 절절하게 느껴질 것이다.

또한 하나의 단어로 상황을 설명하는 것은 재미도 반감시킨다. '맛있다' '재밌다'와 같은 표현은 상황을 직접적으로 설명할 수 있지만 어느 정도로 재밌고, 얼마나 맛있다는 것인지, 또 어떤 느낌을 전하고자 하는 것인지 독자는 알기 어렵다.

유튜브 채널의 먹방 프로그램을 보면, 어떤 사람은 먹으면서 이 음식의 식감과 향이 어떻고, 비슷한 맛의 다른 음식이 어떤 것이 있다고 자세히 설명해준다. 그러면 시청자는 먹는 모습을 보면서 맛에 대해 상상을 하게 되고, 먹고 싶다는 욕구를 느끼게 된다. 반면 먹으면서 맛에 대한 설명은 전혀 하지 않고 맛있다만 반복하는 사람도 있다. 그러면 보는 사람은 먹는 모습만 보다가 지루해질 수 있다.

또 예능 프로그램에 나온 출연자가 연신 '재밌다'는 표현만 하면 보는 시청자는 재밌다는 말에 공감이 가지 않을 것이다.

글쓰기도 마찬가지다. 아래 문장을 비교해보자.

탕후루는 새콤달콤했다.

탕후루의 맛을 있는 그대로 위와 같이 표현할 수도 있다. 탕후루를 먹어 본 독자라면 공감할 것이다. 하지만 글을 통해 독자가 현실감 있게 느끼도록 표현하는 방법도 있다. 독자가 탕후루를 먹던 순간을 떠올리며 입안에 군침이 돌도록 맛을 실감 나게 표현해보자.

'바삭.' 탕후루를 씹는 순간 얇은 설탕 코팅이 깨지는 소리는 귀를 즐겁게 했다. 곧이어 부드러운 과육이 '톡' 하고 터졌다. 그 순간 설탕의 단맛과 과일의 새콤한 맛이 뒤섞여 말 그대로 새콤달콤한 맛이 입안 전체에 퍼졌다.

다음에는 재미있는 순간을 '재밌다'는 직접적인 하나의 단어로 짤막하게 표현하는 대신 더 흥미진진하게 표현해보자.

명절에 하는 윷놀이는 재미있었다.

이 문장도 독자가 상황을 상상하며 몰입할 수 있도록 다음과 같이 바꿔보자.

우리 팀이 이기려면 꼭 모가 나와야 했다. '제발.' 윷을 꼭 붙잡고 속으로 간절히 빈 뒤에 하늘을 향해 힘껏 던졌다. 그런데 기적 같은 일이 일어났다. 윷가락의 볼록한 면이 모두 위로 향했다. 모가 나온 것이다. 결국 우리 팀의 승리였다.

형용사 같은 하나의 단어로 상황이나 감정을 설명하는 대신 독자가 자연스럽게 감정을 느끼게 돕거나 더 흥미롭게 표현하는 방법을 설명해보았다. 이러한 표현에 익숙해지기 위해서는 문장의 기본을 익히는 연습이 필요하다. 군더더기를 덜어내고 문장의 뼈대만을 써보는 것이다. 예를 들어 꽃에 대한 글을 쓴다고 가정해보자.

나는 예쁜 꽃을 샀다.

이 문장에서 '예쁜'이라는 형용사를 제거하고, '나는 꽃을 샀다'라고만 적어보자. 그리고 '예쁜'이라는 말을 어떻게 바꿀 수 있는지 고민해보자. 어떤 면이 예뻤는지, 그 모습을 보고 무슨 생각이 들었는지 좀 더 구체적으로 표현해 자연스럽게 독자의 감정이 움직이도록 해보자.

'예쁜'이라는 말 대신 아래와 같이 다양하고 자유롭게 표현해보자. 하나의 형용사로 표현하지 못했던 구체적인 모습을 독자들이 상상하게 한다면, 독자의 흥미를 자극할 수 있다.

나는 빨간 꽃잎이 눈길을 끄는 꽃을 샀다.

나는 꽃을 샀다. 붉은 꽃잎이 마치 보석 같았다.

나는 꽃을 샀다. 꽃망울을 막 터뜨린 모습에 자꾸 시선이 갔다.

'슬픈, 재밌는, 예쁜' 같은 단어를 사용하지 않고 독자가 느끼고 공감할 수 있도록 하고 싶다면 당신은 어떤 표현을 쓰겠는가. 이런 고민을 하다 보면 우리가 얼마나 쉽고 간단한 표현에 익숙해져 있는지 알 수 있다. 그리고 그러한 표현 방식이 쓰기는 쉽지만, 독자와 감정을 나누기에는 한계가 있다는 점도 깨닫게 된다.

그럼, 이제 쉽고 간단한 표현을 배제하고 문장 쓰기를 연습해
보자.

먼저 간단한 문장을 적어보세요. 그리고 독자가 자연스럽게 감정을 느끼고 상상할 수 있도록 문장을 다채롭게 구성해보세요.

쉽지만 유려한
글을 쓰자

한번은 국가인권위원회 관련 기사를 데스킹하다 한 단어 때문에 벽에 부딪혔다. 정부의 어떤 규정이 인권을 침해하므로 개정하라고 권고했다는 내용이었는데, 서너 문장짜리 단신의 모든 문장이 '권고했습니다'라는 말로 끝맺고 있었다. 그래서 권고하다를 대체할 만한 다른 단어를 쓰고 싶었지만, 도통 생각이 나지 않았다.

인권위의 판단은 강제성이 없기 때문에 권고할 수밖에 없다. '권고하다'는 어떠한 일을 하라고 권한다는 의미다. 한참 인터넷을 검색해 보았지만 정확한 대체어를 찾기가 쉽지 않았다. 유사어로는 권하다, 권장하다, 권유하다 등이 있지만 같은 의미를 갖고 있다고 해도 느낌이나 무게감이 달라 그대로 대체하면 어색해 보였다. 결국 그날 인권위 단신의 문장마다 붙은 '권고하다'라는 말은 다른 말로 바꾸지 못했다. 이후에도 인권위 기사가 보일 때면 다른 기사에서는 혹시 다른 표현을 썼는지 찾아보곤 했다.

기사를 쓰다 보면 이런 일은 흔히 일어난다. 연차가 아무리 올라가도 이런 고민은 늘 반복된다. '밝히다'라는 단어를 뉴스에서 흔히 보았을 것이다. 어떤 인물이 자기 입장을 말하거나 정부 기관이 정책을 발표하는 경우 등에 쓰이는 '밝히다'라는 단어는 기사에서 자주 등장한다.

그런데 이런 경우 역시 기사의 모든 문장 어미를 '밝혔습니다'로 끝낼 수는 없다. 이때는 '말했다, 전했다, 덧붙였다' 등 다른 표현을 돌려가며 사용한다. 특히 중요하게 언급한 부분은 '강조했습니다'라는 표현으로 부각하기도 한다.

경찰이 범죄자를 붙잡았다는 소식을 전할 때도 어미를 다양하게 표현하기 위해 고민한다. '붙잡았다'를 다음 문장에서는 '검거했다'고 표현하기도 한다. 또 조사 내용을 전할 때도 다양한 표현을 동원한다. '경찰은 피의자가 어떤 잘못을 저질렀다고 밝혔다'거나 '경찰 조사에서 피의자는 어떤 잘못을 저지른 것으로 드러났다' 또는 '피의자는 경찰에 어떤 잘못을 저질렀다고 진술했다'거나 '피의자는 어떤 혐의를 받고 있다'는 등 같은 내용이라도 설명하는 과정에서 같은 표현을 쓰지 않기 위해 노력한다. 같은 표현을 반복하면 독자로 하여금 마치 내용이 중복되는 것처럼 느껴지게 할 수 있다. 또 자칫 반복되는 표현이 도드라져 보여 독자의 시선에 거슬리거나 주의력을 흐트러트릴 위험도 있다.

또한 글을 쓸 때 정확하면서도 쉬운 단어를 쓰는 것도 중요하다. 입사한 지 얼마 안 됐을 때의 일이다. 탑차 한 대가 논두렁 아래로 떨어진 사고가 있었다. 사고 차량은 옆으로 기울면서 쓰러진 상태였는데, 나는 좀 더 구체적으로 기사를 쓰고 싶었다. 그런데 그때는 '차량이 논두렁 아래로 떨어져 옆으로 쓰러졌다'는 문장이 방송 기사로서 별로라고 생각했다. 너무 친절하고 자세하기보다는 짧게 압축적으로 상황을 전달하는 편이 더 그럴듯해 보인다고 생각했기 때문이다. 또 그런 상황을 기사로 써본 적이 없었던 이유도 있었다. 결국 나는 기사를 이렇게 썼다.

오늘 아침 1톤 탑차 한 대가 논두렁 아래로 떨어져 전복됐습니다.

그냥 읽으면 이상한 점을 발견하지 못할 수도 있다. 그런데 위의 문장은 틀린 문장이었다. 사실관계가 명백히 틀렸기 때문이다. '전복됐다'는 의미는 물체가 완전히 뒤집혔다는 말인데 탑차는 뒤집히지 않고 옆으로 쓰러진 상태였다. 기사가 나가자 곧바로 소방서에서 전화가 걸려왔다.

"저 방금 쓰신 기사 봤는데 차량이 전복된 건 아니고요. 전도된 건데요."

"네? 전도요?"

"네, 뒤집힌 게 아니라 옆으로 쓰러진 거라서요."

전화를 끊고 나서 나는 재빨리 '전복'이라는 단어를 '전도'로 바꾸었다. 이 일로 인해 나는 '전도'의 의미를 곰곰이 생각해보았다. 일반적으로 '전도'라는 말은 기독교 교리를 전파하거나, 열전도나 전기 전도를 이야기할 때 쓴다는 생각이 들었다. 차량에 '전도되었다'는 표현을 쓰는 것은 어딘가 좀 생소했다.

그 뒤로 나는 차가 완전히 뒤집힌 것인지 옆으로 넘어간 것인지 등 상황에 걸맞게 단어를 썼는지 늘 다시 한 번 확인하게 되었다. 그리고 더 나아가 '전도됐다'는 단어 대신 '옆으로 넘어졌다'거나 '옆으로 쓰러졌다'는 식으로 쉽게 풀어 쓰려고 한다. 후배들이 쓴 기사를 볼 때 '전도됐다'는 표현이 나오면 풀어서 설명해준다.

사실 기자인 나도 익숙하지 않은 '전도'라는 단어를 시청자들은 바로 알아들을 수 있을까 하는 의문이 든다. 일상생활에서 잘 쓰지 않는 단어를 굳이 방송 기사에서 쓸 필요는 없을 것이다. 이는 이 한 단어에만 해당하는 이야기는 아니다.

다른 상황을 설명할 때도 되도록 쉬운 단어를 쓰기 위해 단어를 고민하고 또 고민한다. '촉구하다, 송치하다, 내사하다'와 같은 기사에서 흔히 볼 수 있는 단어들도 그러하다. 이런 단어를 쓰는 경우 '요구하다, 주장하다, 검찰에 넘기다, 입건 전 조사하다' 등 듣거나 읽었을 때 바로 이해할 수 있는 다른 표현을 적절히 섞어가며 써준다. 그래서 나는 하루에도 인터넷 사전을 수없이 검색한다.

글을 쓸 때는 다른 표현, 정확한 단어, 쉬운 표현을 찾기 위해 항상 인터넷 사전을 수시로 검색하고 활용하는 것을 일상화하자.

글을 쓰는 데 있어서 단어를 많이 아는 것은 수많은 연장을 갖고 있는 것과도 같다. 자를 예로 들면 자도 길이에 따라 15cm, 30cm 등 각종 자가 있고, 줄자, 직자, 연귀자, 삼각자, 직각자 등 용도에 따라 수많은 종류가 있다. 작업의 종류에 따라 이 자들을 적절히 사용하면 효율도 높아지고 결과물의 퀄리티도 크게 달라진다. 단어도 마찬가지다. 문장에서 가장 적절한 단어들을 다양하게 잘 배치하는 것은 문장의 퀄리티를 높이게 된다.

또한 문장을 쉽게 쓰기 위한 노력도 필요하다. 뉴스를 진행하는 앵커로서 단신 기사를 읽을 때 당혹스러울 때가 있다. 대부분의 기사는 예독을 하고 방송에 들어가지만 24시간 뉴스 매체 특성상 최신 소식을 갑자기 끼워 넣는 경우도 부지기수다. 만약 갑자기 들어온 소식이 여러 개일 때는 난감할 수밖에 없다. 특히 눈으로 재빨리 기사를 훑어보고 내용을 이해해야 하는데 그러기 쉽지 않은 때가 있다. 문장 구조가 복잡한 경우가 그렇다.

글쓰기에서도 마찬가지다. 독자가 한눈에 의미를 이해할 수 있도록 문장을 써야 한다. 독자가 외국어를 독해하듯이 주어와 서술어를 구분하고, 또 다른 주어와 서술어를 구분하는 수고를 겪지 않게 해야 한다. 한 문장 안에 주어와 서술어가 여러 개 들어가는 겹문장과 같은 복잡한 문장 구조는 독자의 집중력을 흐트러뜨리기 때문에 가급적 단문을 써야 한다.

　다음의 문장을 통해 확인해보자.

　정부에 따르면 정부는 A 연구기관이 발표한 미세플라스틱이 인체에 유해하다는 논문을 바탕으로 미세플라스틱 저감 대책을 세우기로 했다.

　위의 문장은 틀린 곳은 없다. 다만 좀 더 간결하게 변화를 주면 독자가 더 편안하게 읽을 수 있을 것이다.

　정부는 미세플라스틱을 줄이기 위한 대책을 세우기로 했다. 미세플라스틱이 인체에 유해하다는 A 연구기관의 논문을 근거로 삼을 예정이다.

　그래서 글을 쓸 때는 다음의 세 가지를 염두에 두자. '다양한 표현 활용하기, 정확하면서도 쉬운 단어 쓰기, 문장을 간결하게 다듬기.'
　이것은 기자들이 기사를 쓸 때 되새기는 사항들이다. 기자들은 방송기사는 초등학교 2학년생도 이해할 수 있도록 써야 한다는 말을 귀에 못이 박히도록 듣는다. 하지만 막상 기사를 쓸 때면 이 말을 쉽게 잊는다. 또한 다뤄야 하는 내용이 전문적이거나 복잡한 경우에는 쉽게 설명하는 것이 불가능하게 느껴지기도 한다. 그래서 누가 봐도 쉽게 이해할 수 있도록 기사를 고치고 또 고친다. 더 많은 사람이 볼수록 기사의 파급력도 커지기 때문이다.

글도 마찬가지다. 쉽게 이해할 수 있고 공감할 수 있는 글이 대중을 사로잡는다. 그런 글을 쓰기 위해서는 쉬운 단어로 가급적 단문을 활용해 다양한 표현을 구사할 수 있어야 한다.

일상의 묘사를
일상화하자

한번은 수습기자 시절에 취재 현장에 나갔는데 선배 기자가 "스케치 좀 해와"라고 말했다. 처음에는 말뜻을 이해하지 못해서 '영상에 담은 것을 그림으로 그려오라는 말인가?'라고 생각했다. 그런데 알고보니 그 말의 뜻은 현장 상황을 기사에 녹일 수 있게 묘사해 오라는 말이었다.

내가 본 상황을 선배 눈앞에 그리듯이 설명하라고 하니 어떤 장면을 어느 정도 구체적으로 설명해야 하는 것인지 막막하기만 했다. 그때 나는 경찰의 수상 훈련 현장을 취재 중이었다. 그런데 '경찰이 헬기에서 밧줄을 타고 내려옵니다. 보트를 타고 한강을 가로지릅니다'와 같은 무미건조한 표현밖에 생각나지 않았다.

결국 내 기사를 고쳐주던 선배는 질문을 쏟아낼 수밖에 없었다.

"경찰이 헬기에서 내려올 때 어떤 모습으로 내려왔어? 보트가 얼마나 빠른 속도였어?" 내가 미처 생각하지 못했지만 장면의 느낌을 최대한 생생하게 살려주기 위해서는 꼭 필요한 내용들이었다. 하지만 나는 그 질문들에 제대로 대답하지 못했고, 결국 선배는 촬영해 온 영상을 직접 보고 거의 새로 쓰는 수준으로 내가 쓴 기사를 고쳐주었다.

또 여름철 수영장에 현장 중계를 하러 갔을 때의 일이다. 나는 "사람들이 시원해하는 표정입니다. 아이들이 신나게 웃었습니다. 물장구를 쳤습니다. 사진도 찍으며 즐거운 시간을 보냈습니다"라고 묘사했다. 상황에 대해 이 이상 설명할 말이 없었다. 또 겨울철 추위 중계를 할 때는 "날카로운 바람에 옷깃을 여밉니다, 추위에 종종걸음을 칩니다"라고 묘사하기도 했다.

나는 글을 쓰는 기자로서 내 묘사력에 대해 매우 고민이 되기 시작했다. 현장 스케치는 기자로서 중요한 능력 중의 하나다. 실제로 중계뿐 아니라 리포트를 쓸 때도 묘사는 글쓰기에서 매우 중요한 기술이다.

예를 들어 교통사고 기사를 떠올려보자. 차량이 갑자기 차선을 바꾸는데 뭔가 튀어나와 충돌하는 순간 등 현장감 있게 상황을 묘사해야 하는 경우가 있다. 불이 났을 때도 마찬가지다. 불이 어느 정도 크게 났고 얼마나 큰 피해가 우려되는지 전달하려면 현장 상황을 잘 묘사해야 한다. 경찰이 추격전을 벌여 범인을 잡았다면 당시 상황을 담은 CCTV 영상을 보여주며 긴박감 있게 전달해야 한다. 또 유명인이 경찰에 조사를 받으러 왔다면 무슨 차를 타고 왔는지, 차에서 어떤 모습으로 내렸는지, 어떤 표정을 지었는지 등 하나하나가 묘사 대상이다.

기자는 영상만 보여줄 때와 달리 묘사를 통해 특정한 상황을 부각하고 의미를 부여할 수 있다. 예를 들어 교통사고 당시 상황을 촬영한 블랙박스나 CCTV 영상을 확보했다고 가정해보자. 앞서가던 화물차 적재함에서 뭔가가 떨어지고 뒤따라가던 승용차가 이것을 밟아 기우뚱하는 모습을 묘사하면 시청자들은 마치 자기가 차에 타고 있는 것처럼 상황의 심각성을 더 직접적으로 느낄 수 있다.

화재 현장의 경우에는 불길이 어디서 솟구치는지, 연기가 얼마나 나는지, 건물 안에 사람이 보이는지 등을 잘 묘사하는 것이 피해 상황을 정확히 전달하는 데 중요하다. 범인과 경찰이 추격전을 벌이는 상황이라면 경찰이 열심히 달리다 넘어지고도 곧바로 다시 일어나 달리는 모습을 묘사한다면 긴박감과 동시에 경찰의 노고를 다시 한 번 느낄 수 있을 것이다. 또는 달아나는 범인이 넘어지면서도 절대 손에서 놓지 않는 무언가가 보인다면 그것을 자세하게 설명할 수도 있다. 거기에 결정적인 범행 단서가 들어 있을 수도 있기 때문이다. 그런 경우 시청자의 관심과 집중도는 더 높아진다.

또 경찰에 조사를 받으러 온 유명인의 모습을 상상해보자. 걸음걸이를 떠올려보자. 어깨를 똑바로 펴고 큰 보폭으로 힘차게 걸어간다면 당당한 모습으로 무고함을 나타내고자 하는 의도적인 모습일 수도 있다. 표정도 마찬가지다. 금방이라도 눈물을 흘릴 것 같은 표정으로 반성하는 듯한 모습을 보이는지, 담담하게 상황을 받아들이는 모습인지에 따라 그 사람의 심리를 엿볼 수 있다. 이처럼 뉴스 속 인물의 묘사는 그들의 태도나 심리 상태 등을 보여주는 수단이 되기도 한다.

이렇게 묘사는 기사의 핵심적인 내용을 더 효과적으로 전달하는 데 중요한 역할을 한다. 그래서 보이는 모습만 단편적으로 설명하는데 그쳤던 나는 묘사가 필요할 때마다 고민이 많았다. 그렇게 묘사에 대해 갈피를 잡지 못하고 한동안 헤매고 있을 때 도움이 된 한마디가 있었다.

"일상을 스케치하라."

앵커를 맡은 지 얼마 되지 않았을 때 선배에게 들은 말이었다. 앵커는 현장 상황을 라이브로 보여주며 설명해야 하는 경우가 많은데 이럴 때 어떻게 해야 하느냐는 질문에 선배는 다음과 같이 조언해주었다.

"그냥 길을 걸으면서 상황을 설명해 보는 거야. 평소에 눈에 보이는 것들을 묘사하다 보면 더 다양한 표현과 방식을 자연스럽게 익힐 수 있지. 갑자기 하려고 하면 말문이 막히고 표현도 떠오르지 않잖아."

선배의 조언을 들은 이후 나는 일상을 스케치하기 시작했다. 여름날 길을 걷다가 사람들을 보고서 이렇게 묘사해보았다.

"오늘 햇볕이 뜨거워서 양산을 쓴 사람들이 많이 보입니다. 양산은 하얀색이거나 알록달록한 색깔이 눈에 띄는데 아무래도 검은색은 열을 흡수하는 걸로 알려져서 그런 것 같습니다. 얼음물을 마시는 사람들도 보이는데요. 올여름은 특히 더우니까 집에서 물을 얼려서 갖고 다니는 것도 좋아 보입니다. 그런데 날씨가 워낙 덥다 보니 플라스틱병에 물이 송골송골 맺혔네요. 벌컥벌컥 얼음물을 마시는 모습을 보니 저까지 차가운 물을 들이킨 것처럼 몸속까지 시원해지는 느낌인데요?"

이렇게 일상을 스케치하는 연습을 열심히 하다 보니 현장에서 중요하게 묘사해야 할 것들이 보이기 시작했다. 이전에는 단순하고 평면적인 설명에 그쳤다면, 한 단계 나아가 어떻게 하면 듣는 사람이 상황을 더 체감하게 할 수 있을까 고민하게 되었고, 이를 통해 좀 더 구체적으로 상황을 설명할 수 있게 되었다.

그 결과 산불 현장에서 급하게 생중계를 해야 했을 때는 깨진 장독 조각을 들고서 "평범한 일상의 흔적을 보여준다"고 말하며 갑작스러운 재난이 일상을 덮쳤다는 사실을 시청자들에게 설명해주었다. 화재 현장을 보여줄 때도 더 주의 깊게 관찰하고 묘사해 상황의 심각성을 부각했다. 새까만 연기가 얼마나 넓게 퍼졌는지 묘사하며 주변 주민들의 피해를 가늠해보고, 연기가 빨리 퍼지는 모습을 통해 바람이 심해 진화가 쉽지 않은 상황을 설명했다.

만약 이때 수영장을 다시 갔다면 이전에는 '즐거운 표정으로 물놀이를 즐긴다'고 지극히 단순하게 묘사했던 피서객들의 행동을 더 구체적으로 관찰하고 현장감을 살려 이렇게 묘사했을 것이다. '첨벙, 물에 뛰어드니 답답했던 마음이 시원하게 뚫립니다.' 또 수박을 먹는 피서객이 있다면 '시원하게 수박을 먹습니다'라고 짧게 묘사하는 데 그치기보다는 '달콤한 수박을 한 입 베어 뭅니다. 무더위는 싫지만, 이런 별미가 있어 다행입니다'라고 묘사했을 것이다.

글과 말로 먹고사는 기자로서 묘사력을 키우기 위해 끊임없이 고민하는 이유는 기사를 쓰는 데 있어 묘사가 중요한 역할을 하기 때문이다. 기사는 단문의 사실에 대한 기록이 중요한 분야임에도 묘사가 이렇게 중요한데, 장문의 글이라면 묘사의 역할은 더더욱 중요할 수밖에 없다.

묘사는 과거의 상황을 회상하거나 인물의 심리를 간접적으로 표현하는 등 글쓰기에서 없어서는 안 될 가장 중요한 표현 방법이다. 그래서 묘사의 기술을 갈고닦는 데 힘쓰자. 이를 위해서 가장 좋은 방법인 일상을 스케치하는 것을 일상화하자. 평소 보이는 것들을 좀 더 세밀하게 글로 스케치해보자. 또한 눈에 보이는 모습을 단순하게 설명하는 데서 그치지 말고 그 이면의 것들을 상상해보

자. 상상을 하다보면 이야기가 꼬리에 꼬리를 물어 글이 저절로 써지는 연습이 될 수 있다.

스티븐 킹은 《유혹하는 글쓰기》에서 매우 인상적인 이야기를 했다. "소설이란 땅속의 화석처럼 발굴되는 것이라고 믿는다. 소설은 이미 존재하고 있으나 아직 발견되지 않은 어떤 세계의 유물이다. 작가가 해야 할 일은 자기 연장통 속의 연장들을 사용하여 각각의 유물을 최대한 온전하게 발굴하는 것이다."

여기서 연장은 바로 상상력일 것이다. 상상력을 통해 이야기가 꼬리에 꼬리를 물면서 이어지면 우리는 그 이야기들을 종이에 적어내면 되는 것이다. 묘사는 그러한 상상력을 불러내는 문이라 할 수 있다.

글은 고치고
다듬을수록 좋아진다

고등학교 1학년 때 학교 문학동아리에 들어갔는데 자작시를 써오라는 과제를 받았다. 그때 나는 열정이 넘쳐 나름의 개성 있는 표현을 쓰겠다는 일념으로 단어를 새로 만들었다. '뭉성하다'는 단어였다. 뭉게뭉게 피어오른 구름의 모습을 표현한 단어였다. 그런데 그것을 본 3학년 선배가 이렇게 말했다.

"이게 무슨 의미인가요? 이런 단어는 없어요. 단어를 마음대로 만들어 쓰고는 이해를 바라는 건 말이 안 되죠."

너무 창피했지만, 나름 고민해서 쓴 단어였기에 나도 한마디를 했다.

"시적 허용인데요?"

"김대근 동인님, 시적 허용은 이런 게 아닙니다."

"이미지를 더 잘 나타낼 수 있는 단어를 만든 건데요? 구름의 이미지를 형상화한 단어입니다."

"뭉게구름이라는 단어가 있잖아요. 이건 아무도 공감하지 않는 말이잖아요."

나의 글에 대해 누군가에게 그렇게 심각하고 진지하게 지적을 당한 건 그때가 처음이었다.

그런데 그런 일은 몇 년이 지나 언론사 시험을 준비하면서 또다시 반복되었다. 같이 공부하는 친구들끼리 일주일에 서너 편씩 글을 쓰고 서로의 글을 품평해 주었다. 품평 자리에서 "주제를 모르겠다"는 말을 듣는 것은 매우 흔한 일이었다. 글의 흐름이나 논리, 사회 이슈에 대한 나의 생각 등 모든 것이 평가의 대상이었고, 언제나 지적을 받았다. 때로는 글을 통째로 고쳐야 할 것처럼 느껴지기도 했다.

이때는 고등학교 때 받았던 평가와는 비교도 할 수 없을 만큼 냉정한 평가를 받았다. 모두가 언론사 시험에 붙겠다는 목표를 갖고 모인 만큼 더 꼼꼼하고 객관적으로 서로의 글을 평가해주었기 때문이다. 그런데 그 과정에서 겪는 내상은 생각보다 깊었다. 때로는 참기 힘들 정도로 언짢기도 했다. 마치 그날의 평가가 나의 언론사 입사 당락을 결정하는 듯한 기분이 들었기 때문이다.

그래서 내 글에 자신이 없는 날은 다른 친구의 글을 품평할 때 입을 다물고 있거나 최대한 좋은 표현을 골라 칭찬해보기도 했다.

네 글을 좋게 봐준 만큼 내 글도 심하게 지적하지 말아 달라는 심정에서였다.

그러나 기자가 된 뒤로는 더 혹독한 평가가 이어졌다. 취업 준비 스터디의 평가가 아무리 냉정해도 그때는 실전이 아니었기 때문에 내 글로 인해 잘못될 것은 아무것도 없었다. 그런데 기자가 되어 쓰는 글은 여러 가지로 민감할 수밖에 없었다. 그러다 보니 자신감이 바닥을 뚫을 정도였다. 수습기자 시절 나는 갑자기 말도 제대로 못 하고 문장 한 줄도 제대로 못 쓰는 어린아이가 된 것 같은 심정이었다. 아이가 말과 글을 배우듯이 모든 것을 처음부터 다시 배우는 기분이었다. 기사를 쓸 때는 첫 마디부터 막혀서 커서만 깜빡거리는 하얀 화면을 앞에 두고 한참을 고민하곤 했다. 더욱이 죽을힘을 다해 어렵게 쓴 기사도 선배나 데스크를 거치면 뼈대도 안 남고 아예 다른 글이 되어 있고는 했다.

"주제가 뭐야? 이건 왜 이렇게 쓴 거야? 무슨 의미야? 이건 왜 빠졌어?"

데스크의 이런 질문에 제대로 대답하지 못할 때도 많았다. 이때는 우리끼리 돌려보는 글이 아니라 실제 방송에 나가는 데 문제가 없는 글이어야 하는 만큼 데스킹 과정은 매우 엄격하고 혹독했다. 그래서 데스킹 전까지 과연 이렇게 쓴 것이 맞는지 보고 또 보기를 반복했다.

뉴스 보도는 고등학생 때나 취업준비생 시절 습작과는 차원이 달랐다. 무수히 많은 대중에게 전하는 소식인 만큼 단어 하나를 쓰는 데도 예민할 수밖에 없었다. 보도 내용에 따라 사회적 파장이 일거나 당사자들이 반발하는 경우도 있어 책임감 있게 쓰고 철저히 검토해야 했다. 대중의 평가 또한 냉정했다. 댓글창을 보면 즉각적이고 일차원적인 반응도 많이 보였다. 칭찬이나 감사의 댓글을 보면 너무 행복했지만, 기사를 지적하는 댓글을 보면 마음이 아프고 어디 가서 숨고 싶었다.

이런 경험이 쌓일수록 내 기사를 세상에 내보이기 전에 누군가 다른 시각으로 봐주고 보완해가는 과정이 얼마나 중요한지 깨닫게 되었다. 이것은 결코 부끄럽거나 불쾌한 일이 아니었다. 내 생각이나 나의 표현이 정답은 아니기 때문이다. 그래서 최선을 다한 만큼 자신감을 가지되 감사하고 겸손한 마음으로 평가를 받아야겠다고 생각했다.

이런 경험을 통해 나는 엄격한 데스킹, 퇴고의 중요성을 체감했다. 처음 앵커가 됐을 때는 방송에 들어가기 직전까지 원고를 고치고 또 고쳤다. 생방송은 되돌릴 수 없기에 더욱 신중할 수밖에 없었다. 그래서 짧은 멘트일지라도 정확한 의미를 전달하기 위해 고심에 고심을 거듭했다.

특히 인터뷰를 할 때는 단어 하나하나, 질문의 흐름 등 신경 쓸 것이 한둘이 아니었다. 원고의 흐름이나 내용을 끊임없이 수정하다 보니 별명까지 생겨났다. 바로 '빨간펜 선생님'이었다. "흐름은 이렇게 바꾸고 질문은 이렇게 바꿉시다"라며 원고에 끊임없이 메모를 하는 나에게 딱 어울리는 표현이었다.

데스크가 된 지금은 기사를 고치는 일이 내 업무가 되었다. 팀원들이 쓴 기사를 하루 종일 고치고 또 고친다. 데스킹을 할 때 기사의 주제를 부각할 수 있도록 구조를 바꾸는 일은 기본이다. 문장을 통째로 지우거나 새로 쓰고 인터뷰를 새로운 것으로 바꾸기도 한다. 그러면 그에 걸맞게 제목도 수정된다. 때로는 기사의 주제를 아예 바꿔버리기도 한다. 그동안의 경험을 바탕으로 주제를 드러내고 시청자들이 더 쉽게 이해하고 공감할 수 있도록 하는 것이 나의 일이기 때문이다. 물론 이런 과정이 일방적으로 이뤄지지는 않는다. 취재한 기자의 의도를 정확히 살렸는지, 데스킹 과정에서 사실관계가 왜곡된 것은 없는지 취재기자와 대화하고 고민하며 기사를 완성해 간다.

글쓰기에서 퇴고가 중요한 이유는 글은 고치고 다듬을수록 좋아지기 때문이다. 또 글의 첨삭은 실력의 향상을 가져다주기도 한다. 자신이 쓴 글을 혼자서 스스로 수정을 하면 부족한 부분은 그대로 부족하기 마련이다. 그러나 글쓰기 실력이 더 나은 사람이 자신의 글을 봐주면 자신이 부족한 부분이 어디인지를 알게 되고, 또 어떻게 쓰면 글이 더 좋아지게 되는지를 참고하게 되어 자신에게 큰 발전을 가져오게 된다. 그래서 글을 쓰는 것만큼 퇴고도 매우 중요하다. 대중 앞에 당신의 글을 펼쳐 보이기 전까지 무수히 많은 평가를 거쳐보자. 쉽지 않은 과정이지만 다음의 몇 가지 원칙을 기억하자.

1. 담대하자

중요한 사실은 더 나은 글을 완성하기 위해서는 타인의 평가를 피할 수 없다는 점이다. 고등학생 때와 취업준비생 시절 글에 대한 품평은 물론, 기자가 된 뒤 매일 거쳤던 데스킹 과정은 내 글쓰기 실력이 성장하는 데 밑거름이 되었다. 그런데 중요한 사실은 이때 글에 대한 비평이 자신에 대한 비판이라는 오해를 하지 말아야 한다는 점이다.

사실 내 글이 품평을 받을 때면 누구나 마치 도마 위 생선이 된 것 같은 기분이 들게 된다. 그런데 이런 생각은 전혀 도움이 되지 않는다. 오히려 평가를 객관적으로 받아들이지 못하게 하고 감정만 상하게 한다. 글에 대한 평가를 자신에 대한 비판으로 생각하지 말자. 좋은 글을 쓰기 위한 자양분으로 받아들이자. 열린 마음으로, 담대하게 받아들일수록 글쓰기는 더 발전하게 된다.

2. 자신만의 세계에 갇히지 말자

기사를 쓸 때 중요하게 보는 것 중 하나가 지금 막 텔레비전을 켠 시청자도 무슨 이야기인지 이해할 수 있느냐 하는 것이다. 이슈에 아무 관심이 없거나, 지식이 없어도 바로 이해할 수 있게 기사를 써야 한다는 말이다. 아무도 이해하지 못하는 기사는 관심을 끌기는커녕 본연의 목적 중 하나인 사회적 변화도 이끌어낼 수 없다. 그래서 기자가 쓴 기사도 제삼자인 데스크를 통해 보완해 나가는 것이다.

기사를 발제하고 한참을 취재한 기자는 자칫 그 이슈에 너무 깊이 빠져 있을 수도 있다. 다른 사람이 보기에는 중요하지 않은 부분을 강조하려고 애쓸 수도 있고, 남들은 이해하지 못하는데 자신만의 속도와 깊이로 이야기를 끌고가려고 할 수도 있다. 이럴 때는 이슈에서 한발 물러나 사안을 볼 필요가 있다. 시청자들도 그렇기 때문이다. 그렇게 기사를 보다 보면 텔레비전으로 처음 이슈를 접할 시청자가 궁금해할 점들이 보이게 된다. 글쓰기도 마찬가지다. 글을 쓰고 나면 자유로운 시선을 가진 사람들에게 읽히고 의견을 들어보자. 독자들이 내 글을 쉽게 이해할 수 있는지 사전에 점검해 보는 일은 매우 중요하다.

3. 과감해지자

위의 이야기들은 결국 이 원칙과 연결된다. '과감하게 쳐내기.' 이것은 글을 쓰는 것이 직업이자 일상인 나도 아직 어려운 일이다. 어렵게 취재한 내용을 기사로 쓸 때는 모든 내용이 중요하게 느껴지고 하나라도 빼먹으면 안 될 것처럼 느껴진다. 그러다 모든 내용을 어떻게든 하나의 기사에 구겨 넣고 나면 다음과 같은 후회가 밀려온다. '이 문장은 지워버리는 것이 나았을 텐데. 이 이슈는 빼버렸어도 됐겠다. 기사도 길어지고 이야기도 산만해졌네.'

미련 때문에 없애지 못한 문장은 결국 군더더기가 되어 더 중요한 내용에 집중하는 것을 방해한다. 그래서 나는 후배 기자들의 기사를 데스킹하기 전에 항상 다짐해본다. '불필요한 것은 과감하게 쳐내리라.' 물론 이를 위해서는 기사를 쓴 기자의 생각이 가장 중요하기에 상대방에게 늘 "포인트가 뭐지?"라고 물어본다. 다시 말해, 강조하고자 하는 주제가 무엇이냐는 의미다. 그리고 강조하고자 하는 주제에 집중하기 위해서 최대한 핵심 내용에 포커스를 맞춘다.

강조해야 하는 내용과 별개의 또 다른 주제는 따로 다루거나 아예 없애버린다. 같은 말을 반복한다거나 주제와 별 상관없는 문장이나 단어가 보이면 역시 과감하게 삭제한다. 콤팩트하게 하나의 주제에 집중할수록 읽는 사람도 이해하기가 쉽다.

글이나 책을 쓸 때 항상 이 점을 염두에 두자. 퇴고를 하면서 글에서 군더더기 내용이나 문장, 단어는 항상 과감하게 빼버리자.

제목은 글을 포장하는
포장지와 같다

글에서 제목 달기는 언제나 마지막까지 고민하는 부분이다. 기사를 쓸 때도 대강의 제목을 붙여두고 마지막 순간에 다시 수정한다. 영감이 떠올라 한번에 눈에 띄는 제목을 붙일 때도 있지만, 고치고 고치기를 반복하는 경우가 대부분이다. 후배의 기사를 봐줄 때도 퇴근 후에 또는 주말 아침에 갑자기 생각이 번뜩 떠올라 급하게 노트북을 켜고 제목을 달 때도 있다. 그만큼 제목을 정하는 것은 어렵고 또 중요한 작업이다.

제목은 글의 첫인상을 좌우하는 만큼 단번에 눈길을 끄는 것이 중요하고, 동시에 가장 중요한 메시지를 명확히 담고 있어야 한다. 또 너무 길지 않으면서 가급적 평범하지 않은 것이 좋다.

요즘은 대부분 인터넷으로 뉴스를 보기 때문에 특히 제목이 중요하다. 텔레비전을 통해 일방적으로 보여주는 것이 아니라 인터넷 화면에 있는 수많은 글 중에서 독자의 선택을 받아야 하기 때문이다.

기자 초년생 시절에는 기사를 쓸 때 아무런 꾸밈 없이 솔직하게 제목을 달았다. 만약 사건 기사라면 '○○ 혐의로 ○명 검거'와 같이 수사 결과를 그대로 제목에 담는 식이었다. 기사는 최대한 중립적이고 꾸밈이 없어야 한다고 생각했기 때문이다.

하지만 연차와 경험이 쌓이면서 그것이 좋지 않은 방법임을 깨닫게 되었다. 기사 내용 중에서도 주목되는 부분을 제목으로 뽑기 시작했는데, 그것이 내용의 중립성을 해치는 것도 아니고 꾸며내는 것도 아니었다. 기사를 쓸 때는 비슷한 사건 기사는 수없이 쏟아지는데 이번 사건은 어떤 점이 특별히 달라서 기사까지 쓰는지 그 점을 부각해서 보여줄 필요가 있다.

예를 들면, 리딩방 관련 사건 기사가 그러했다. 인터넷을 검색해 보면 비슷한 사건 기사가 너무 많아서 기사마다 뭐가 다른지 찾기 힘들었다. 그런데 이 사건은 다른 점이 있었다. 경찰이 사무실을 급습했을 때 한국인 개인정보 수백만 건이 발견됐다는 사실이다. 어디서 구해서 어떻게 쓰였는지는 알 수는 없었지만, 개인정보를 이용해 사람들을 유인하려던 것은 아닌지 의심되는 상황이었다. 피의자들이 수백만 명의 개인 정보를 갖고 있었다는 점에서 이 사건은 이전에 본 다른 비슷한 사건과는 확연히 달랐다. 그렇다면 그 사실이 제목에 들어가야 기사가 차별화될 수 있다. 예를 들면 '리딩방 일당 적발…수백만 명 개인정보까지' 이런 식으로 주요 내용과 함께 다른 사건과 차별화되는 내용을 추가하는 것이다.

이런 방법은 글쓰기에서도 유효하다. 이를 위해 몇 가지 중요한 원칙은 다음과 같다.

가장 중심이 되는 단어를 찾아보자.

우선 가장 중심이 되는 단어가 무엇인지를 찾아보자. 주제를 보여주는 함축적인 단어를 중심으로 하고 제목을 확장해가자. 이를 위해 글쓰기 구상 단계에서 메모했던 노트를 다시 꺼내보자. 실제 구상도를 그렸던 노트여도 좋고 당신 머릿속에 있는 구상도를 다시 끄집어내도 좋다. 노트 한가운데 동그라미 안에 뭐라고 적혀 있는지를 보자. 그것은 당신이 적었던 주제어다.

우리는 구상 노트를 통해 미리 생각한 주제어를 중심에 두고 여기에 어울리는 에피소드를 소재 삼아서 생각을 발전시켜 나가는 방식으로 이야기를 전개했다. 또는 자신의 경험에서 의미를 찾아 주제를 확장해 나갔다. 내가 무엇에 대해 쓰고자 했는지 보여주는 것이 주제어다. 제목을 다는 마지막 단계에서 다시 거슬러 올라가 처음의 뿌리로 돌아가보자. 바로 그것이 제목을 구성하는 하나의 축이 될 것이다.

예를 들면 앞에서 예시를 들었던 작문의 주제어를 생각해보자. 주제어는 아파트였다. 그렇다면 제목도 여기서 시작하는 것이다.

아파트가 어쨌다는 거지? 또는 아파트를 어쩌자는 거지? 이런 고민의 중심에 있는 단어를 제목을 정할 때도 중심에 두고 생각을 확장해야 한다는 말이다. 다만, 주제어를 반드시 제목에 포함하라는 의미는 아니다. 중요한 점은 글의 중심 주제어에서 벗어나지 않는 제목을 달기 위해 주의하자는 것이다. 이를 위해 다시 처음으로 돌아가 당신이 하고자 했던 이야기의 근원을 돌아보자.

다음으로 한발 더 나아가 그 주제어와 관련해 글에서 가장 부각한 부분이 무엇인지 생각해보자.

위에서 언급한 사건 기사의 경우 '리딩방 사기'가 주제어고, 이와 관련해 가장 부각한 부분은 '개인정보'라고 할 수 있다. 아파트를 주제어로 한 글의 경우 어릴 적 추억을 부각할 수도 있을 것이고, 아파트 개발로 사라진 골목길을 부각할 수도 있을 것이다.

또는 치솟는 아파트 가격이 중심 내용일 수도 있다. 앞서 예로 들었던 집값 상승을 막기 위한 정부의 대책과 이로 인한 부작용에 관한 내용을 한 편의 글로 썼다고 가정해보자. 다시 오르기 시작하는 아파트 가격을 잡기 위해 정부에서 대출 규제를 내놓았는데 실수요자까지 피해를 본다는 불만이 나온다는 내용이었다. 이 경우 정부 대책을 주제어로 볼 수 있고, 예기치 못한 부작용이 중심 내용이 될 것이다.

또 앞에서 예로 들었던 것처럼 나만 목이 아픈 줄 알았더니 우리나라는 물론 세계적으로 비슷한 증상이 유행한다는 글이 있다면 목이 아픈 증상이 주제어가 될 것이고, 세계적으로 유행한다는 내용이 중심 내용이라고 할 수 있다.

마지막으로 정리한 내용을 제목으로 지어보자.

이 단계에서는 궁금증을 유발하거나 반복되는 상황을 강조하며 주제를 부각할 수도 있다. 또는 반전 효과로 주제를 눈에 띄게 할 수도 있다. 몇 가지 예시를 들어보겠다.

사라지는 골목길…아파트가 답일까?

어릴 적 친구네 아파트에 놀러 갔다가 좁아터진 놀이터를 보고 실망했던 기억을 소재로 삼아 최근 아파트 난개발을 지적하며 골목길을 살린 도심 재개발 아이디어를 제안하는 글을 가정하고 제목을 붙여보았다. 주제어인 '아파트'와 '골목길이 사라지는 난개발 문제'라는 중심 내용을 함께 제목에 녹였다. 또 글에서 대안을 제시한다는 점을 보여주기 위해 의문형으로 마무리해 보았다.

나만 아픈 줄 알았더니…WHO도 후두염 경고

목감기에 걸려 동네 병원에 갔더니 비슷한 증상의 환자가 많았고, 알고 보니 전 세계적으로 유행인 상황을 다룬 글이라면 이렇게 제목을 붙여 볼 수 있을 것이다. 또는 나도 아프고 너도 아프고 전

세계적으로 비슷한 증상으로 고생하는 사람이 많다는 점을 부각하고 싶다면 이런 식으로 바꿔 볼 수도 있을 것이다.

동네 병원 바글바글…전 세계가 '콜록'

'목감기'라는 주제어 대신 의성어를 활용했고, 목감기 증상이 동네는 물론 전 세계적으로 유행인 것까지 포함했다.

이번에는 반전 효과를 활용해 제목을 지어보자. 앞서 언급했던 정부 부동산 정책의 부작용에 대한 가상의 글에 제목을 달아보자.

집값 잡겠다고 대출 잡더니…

생략된 문장 뒤에 뭔가 예상치 않은, 또는 기대와 다른 일이 벌어졌을 거라는 느낌을 준다. 궁금증을 유발하면서도 정부 정책의 부작용을 언급하려 한다는 뉘앙스를 주는 제목이다. 또는 더 직접적으로 표현해 보면 어떨까?

집값 잡겠다더니 실수요자 잡은 대책

이런 방식으로 대놓고 비판적인 입장을 직접 드러낼 수도 있을 것이다. 이 밖에도 기사에서는 인터뷰 내용에서 제목을 따오는 경우도 흔하다. 당사자의 목소리가 가장 큰 힘을 가지는 만큼 인상적인 제목이 나오는 경우가 많다. 또는 아주 사소한 부분에서 제목을 뽑기도 하는데, 그것이 중심이 되는 이야기는 아니지만 인상적이고 흥미로운 경우 간혹 쓰는 방법이다. 조연을 주연인 것처럼 내세우는 방식이다. 그러나 관심을 끌기 위해 무리수를 둔다는 반응이 있을 수도 있어 주의가 필요하다.

지금까지 재료를 모으고, 어떻게 활용할지 상상하고, 설계도를 그리고, 그것을 바탕으로 글을 전개해 완성하기까지의 과정을 정리해보았다. 그리고 마지막으로 완성된 글을 잘 포장해 눈에 띄는 제목을 짓는 일까지 알아보았다. 제목 짓기는 마지막 단계 같지만 결국 처음부터 돌아보는 과정이라 할 수 있다.

글을 쓰는 우리가 항상 기억해야 할 한 가지는 하고자 하는 이야기가 무엇인지를 글을 쓰는 내내 기억해야 한다는 점이다. 나도 기사를 쓰거나 글을 쓸 때 수시로 처음 그린 설계도를 계속해서 떠올린다. 노트에 간단하게 써보기도 한다. 처음에 하려던 이야기가 무엇인지 떠올려 중심을 잃거나 다른 길로 벗어나는 것을 막기 위해서다.

책을 쓸 때도 마찬가지다. 이때는 목차가 매우 중요하다. 책 전체의 뼈대이자 구조이며, 내용의 이정표이기 때문이다.

글쓰기에 정답은 없지만, 정도(正道)는 있다. 잘 쓴 글들을 보면 위에서 설명했던 글에서 필요한 사항들이 빠짐없이 모두 담겨 있음을 볼 수 있다. 글의 정도를 잘 연마해서 사람들에게 환영받는 글, 잘 팔리는 책을 써보자.

우리가 가장 많은 공을 들여 쓰는 글 가운데 하나는 자기소개서일 것이다. 자기소개서는 자신에 대한 글쓰기다. 한 장의 글로 당신을 설명하고 읽는 사람의 시선을 사로잡아야 한다. 그리고 결국 모든 내용은 당신이 지원하는 '회사'라는 '주제어'와 연결되어야 한다. 합격을 부르는 자기소개서를 쓰기 위한 몇 가지 원칙을 알아보자.

1. 회사 입장에서 생각하자

"내가 왜 그 회사에 입사하고 싶은지가 아니라, 내가 그 회사를 위해 무엇을 할 수 있는지를 말해야 한다."

취업 준비를 하며 들었던 말 가운데 가장 인상적인 말이었다. 보통 지원자들은 자신의 꿈을 펼칠 수 있거나 근무 조건이 좋은 회사에 가고 싶을 것이다. 솔직한 심정이 그렇더라도 지원서에 '이곳이라면 제 꿈을 펼칠 수 있겠다'라거나 '이 회사의 복지가 좋아서 가고 싶다'고 말한다면 지극히 지원자 중심적인 태도를 보여준다고 할 수 있다.

현실적으로 말해 회사는 누군가의 꿈을 실현하기 위해 존재하는 곳이 아니다. 회사는 기본적으로 사업을 통해 수익을 창출하는 곳이다. 이것에 필요한 인재를 선발하는 것이 입사 전형이다. 그런 만큼 자신이 회사에서 누리고 싶은 것만 말하는 사람보다는 회사가 필요로 하는 능력을 가진 사람을 뽑고자 하는 것은 회사의 입장에서 당연하다. '저는 너무 이 회사가 좋아요. 꼭 뽑아주세요'라고 말하는 지원자가 아니라 '저는 이 회사의 이런 사업 분야에 필요한 능력을 갖추고 있습니다'라고 말하는 지원자에게 더 눈길이 갈 수밖에 없다.

2. 당신의 시간에 의미를 부여하자

어떻게 하면 자신이 회사가 원하는 능력을 갖추고 있다는 인상을 줄 수 있을까? 그동안 이 회사에 지원하기 위해 준비해 온 것들을 보여주자. 하지만 많은 지원자가 특정한 회사 한곳만을 목표로 하지는 않을 것이다. 지원 분야가 다양한 경우도 있을 수 있다. 이럴 때 필요한 것은 자신의 경험을 회사의 직무와 연결해 설명하는 능력이다.

방송사 입사 시험을 준비하며 나는 몇 년 동안 시민들의 참여로 만들어지는 지역 공동체 라디오 방송국에서 새벽 프로그램 진행을 맡았었다. 이 경험은 방송국 입사 지원서에 쓸 만한 소재가 되었다.

그런데 지원서에 적기 애매해 보이는 이력도 있었다. 물론 내인생에 큰 영향을 미친 경험이지만 방송기자 직무와 어떤 관련이 있을지 고민하게 하는 것들이었다. 예를 들어 대학 시절 연극 스태프로 참여했던 경험이 그러했다. 하지만 다른 지원자들과 차별화될 만한 경험인 데다 배우고 느낀 바가 컸던 만큼 나를 보여주는 데 좋은 소재라고 생각해 자기소개서에 꼭 넣고 싶었다. 그래서 나는 다음과 같이 '협업'이라는 키워드를 사용했다.

'연극 스태프로 일하며 배우와 연출가, 음향·조명 등 스태프들이 어우러져 하나의 작품을 만드는 경험을 했습니다. 저는 방송도 협업이라고 생각합니다. 방송기자는 현장에서는 촬영기자와, 리포트를 편집할 때는 편집기자와 협업해야 합니다. 또한 다른 모든 과정에서도 팀원들과 협업해야 할 일이 많습니다. 제가 대학로에서 했던 경험은 방송기자로서 일하는 데도 중요한 도움이 될 거라고 생각합니다.'

그런데 신기하게도 최종 면접에서 심사위원들은 자소서의 이 대목을 흥미로워했고 당시 경험과 관련해 여러 질문을 받았다. 또 대학 시절 캐나다에 어학연수를 가서 스포츠용품점에서 인턴십을 한 적이 있는데, 이 경험도 자기소개서에 꼭 넣었다. 대체 방송국 입사 시험과 이 경험이 무슨 관련이 있는 것일까 궁금할 것이다. 여기서 나는 '사람'에 초점을 맞추었다.

하루종일 운동화나 의류를 사러 오는 손님들을 상대했던 경험은 낯선 사람들을 상대하고 그들과 스스럼없이 대화하는 능력을 키우는 데 도움이 됐다고 썼다. 그리고 이런 능력은 언제나 새로운 현장에서 낯선 사람들을 만나 취재해야 하는 기자에게 반드시 필요할 거라고 강조했다. 또 이런 여러 경험을 쌓아가며 기자로서 필요한 역량을 갖추기 위해 노력했다고 어필했다.

자기소개서에는 그동안 도전하고 경험했던 여러 가지 것들을 녹여가며 자신을 보여줄 필요가 있다. 그런데 중요한 점은 그 모든 경험과 거기서 깨달은 것들이 지원하는 회사의 직무와 연결돼야 한다는 것이다. 그 연결고리를 찾는 것은 자신의 몫이다. 자신의 지난 시간에 의미를 부여해 그것을 최대한 활용해보자.

3. 사회성을 보여주자

입사 시험에서는 사회성을 보여주는 것도 중요하다. MBTI 검사에서 말하는 극 I에 해당하는 사람이더라도 기본적으로 다른 이들과 어울리고 조직 생활을 잘할 수 있다는 점을 보여주는 것이 좋다. 자기소개서에도 사람들과 어울려 도전해본 경험을 소개해보자. 그 과정에서 자신이 어떤 역할을 했고, 이를 통해 어떤 성과를

냈는지까지 보여준다면 더 좋다. 회사 직무와 관련한 공모전에 도전하거나 프로젝트를 수행해본 경험이 있다면 이것은 좋은 포인트가 된다. 그런데 한발 더 나아가 자신의 역할과 이를 통해 배운 점까지 언급하면 이야기의 신뢰도는 물론 읽는 사람도 더 인상적으로 보게 된다.

나는 대학시절 국토대장정을 했던 일화를 자기소개서에 적기도 했다. 한 제약회사가 여름마다 진행했던 대학생 국토대장정에 참가해 20여 일 동안 수백 킬러미터를 걸었던 경험을 소개했다. 이것 자체만으로도 도전 정신과 끈기를 보여줄 수 있었다. 그런데 여기에 더해 당시 조장으로서 조원들과 어떻게 힘든 순간을 극복하고 낙오자 없이 대장정을 완주할 수 있었는지까지 설명했다. 입사 후 힘든 상황이 닥치면 어떻게 극복할 준비가 되어 있는지 보여주기 위해서였다.

4. 실패도 자산이다

자기소개서는 성공의 기록으로만 채워야 할까? 절대 그렇지 않다. 실패도 도전해본 사람만이 해볼 수 있는 경험이다. 중요한 점은 도전에 성공했느냐 실패했느냐가 아니라 그 경험을 통해 무엇을 배웠느냐는 사실이다. 그리고 그 실패의 경험을 어떻게 극복했고, 이후에 어떻게 발전했는지를 보여주는 것이 중요하다.

나의 경우에는 취업 4수생이라는 점이 약점일 수도 있었지만,

결국에는 오히려 강점이 되었다. 오랫동안 시험에 실패했다는 것은 그만큼 능력이 부족하다는 점을 보여주는 것이 아니냐고 생각하는 사람들도 있을 것이다. 하지만 오랜 도전을 통해 쌓인 내공과 여유는 무시할 수 없다. 또한 긴 인고의 시간을 통한 간절함과 진정성은 아무나 흉내 낼 수 있는 것이 아니라고 생각한다.

내가 자기소개서에 무슨 회사를 지원했다 몇 번을 떨어졌다고 적은 것은 아니었지만 이력서를 보면 몇 년 동안 도전 중이라는 사실이 보이는 만큼 관련 질문을 피할 수 없었다. 그런데 나는 오히려 그런 질문이 반갑게 느껴졌다. '실패의 경험을 통해 이런 질문에도 이렇게 웃으며 답할 수 있는 여유를 갖게 됐다'며 넉살을 부릴 정도로 내공이 쌓였었기 때문이다. 물론 공백기가 길다면 그 사이 어떻게 준비하며 시간을 보냈는지는 반드시 보여줘야 한다. 나는 꾸준히 지역 공동체 라디오 방송을 하며 실력을 키웠다는 사실을 반드시 이야기했다.

5. 재밌게 쓰자

면접관의 입장에서 수없이 많은 지원서를 본다고 생각해보자. 비슷한 경험과 실력을 강조하고 각오를 다지는 지원자들이 수두룩할 것이다. 그래서 나는 열심히 준비해 온 작문 실력을 자기소개서에도 쏟아부었다. '저는 무엇을 했고 이를 통해 무엇을 배웠습니다. 이 경험을 바탕으로 회사에 어떠한 기여를 하고 싶습니다.' 이런 흐름으로 내용을 구성한다고 하더라도 인상적인 스토리를 보여주고자 했다. 심사위원이 마치 흥미로운 한편의 이야기를 읽는 것처럼 느끼도록 구성했다. 하지만 가장 기본이 되어야 하는 것은 이 회사가 무슨 일을 하는 곳이고 최근에 어떤 사업에 집중하고 있는지 등 회사와 직무에 대한 지식이 바탕이 되어야 한다는 것이다. 여기에 자신의 경험과 능력을 보여줄 수 있는 스토리를 얹는다고 생각하자.

이때 중요한 점은 진솔해야 한다는 것이다. 면접에서는 자기소개서를 바탕으로 질문하는 경우가 많은 만큼 솔직해야 한다는 것을 명심하자. 또 한눈에 들어올 수 있도록 소제목을 다는 것도 사소한 팁이다. 자기소개서의 항목별로 또는 항목 안에서도 나름대로 주제를 나눠 제목을 붙이는 연습을 해보자. 읽는 사람 입장에서도 지원자가 하고자 하는 이야기를 한눈에 파악할 수 있다는 점에서 긍정적으로 받아들일 것이다. 또 제목이 인상적이라면 그만큼 지원자를 기억할 확률도 높아질 수 있으니 활용해보자.

자기소개서를 쓰는 것도 한 편의 글을 쓰는 것과 같다. 글을 쓰며 했던 고민과 쌓아온 나름의 노하우를 자기소개서에서도 최대한 발휘해보자.

제2부

말은 세상과
소통하는 창이다

제3장

자신감 있게 말하기를 위한
기본기 다지기

나 자신의 말하기 모습을
점검하고 기록하자

내 삶에서 첫 발표의 순간은 초등학교 1학년 때였다. 선생님은 우리에게 앞에 나와서 무서운 이야기를 들려줄 사람이 있냐고 물으셨다. 나는 어렸을 때부터 책 읽기를 좋아해서 집에 있는 무서운 이야기책을 섭렵하고 있었기에 자신이 있었다. 그래서 손을 번쩍 들었는데, 손을 든 사람은 나뿐이었다. 선생님은 적극적인 내 모습을 신기해하시면서 앞으로 나오라고 하셨다.

나는 나의 무서운 이야기에 반 친구들 모두가 벌벌 떠는 모습을 상상하며 교단을 향해 씩씩하게 나아갔다. 그런데 교단에 서서 이야기를 시작하려고 하자 갑자기 머릿속이 하얗게 변했다. 교실이 너무 크게 보이며 나는 한없이 작아졌고, 나를 쳐다보는 아이들을 보면서 돌처럼 굳어버렸다. 나는 아무 생각도 나지 않았고, 입을 다문 채 멀뚱멀뚱 서 있기만 했다. 시간이 흐름에 따라 어색함이 교실 전체에 퍼졌고, 보다 못한 선생님께서 웃으시며 자리로 돌아가라고 하셔서 그날의 해프닝은 일단락되었다. 나의 첫 번째 발표는 이렇게 대실패로 끝나고 말았다.

그런데 누구나 이런 경험이 있을 것이다. 발표를 하려고 사람들 앞에 섰는데 너무 긴장되고 머릿속이 하얗게 변하며 아무 생각도 나지 않아 난감했던 적이 있을 것이다. 또는 면접관의 질문을 받고 머릿속에는 답변이 맴돌았지만 입 밖으로 나오지 않거나 전혀 의도하지 않은 표정이나 답변이 나와서 면접을 망친 경험을 한 사람들도 있을 것이다. 그리고 발표 도중 사람들의 좋지 않은 반응에 위축되어 발표를 망친 경험을 한 사람들도 매우 많을 것이다.

이런 경험은 말하기에 자신이 없기 때문일 수도 있고, 사람들 앞에서 말하는 것에 익숙하지 않아서일 수도 있다. 또는 준비를 제대로 하지 않았기 때문일 수도 있다.

요즘은 MBTI에 따라 사람들의 성향을 구분하는데, 예를 들면 I는 내성적이고 E는 외향적이라는 식이다. 이러한 성향도 사람들 앞에서 말할 때 어떤 태도를 보이는지 영향을 미칠 것이다.

그런데 중요한 점은 이런 상황을 극복해야 한다는 것이다. 우리는 살면서 남들 앞에서 말을 해야 하는 순간이 매우 많다. 회사의 업무를 위해 앞에 나서야 할 수도 있고, 취업의 성패가 걸린 면접을 봐야 할 때도 있다. 또 학교에서 발표를 해야 하는 때도 있다.

또한 요즘은 유튜브를 비롯한 플랫폼을 통해 개인방송을 하는 사람도 매우 많고, 라이브 커머스도 활성화되어 있다. 업무나 취업을 위한 경우뿐 아니라 개인이 직접 목소리를 내며 영향력을 키우고 돈을 벌 수 있는 길이 열려 있는 시대다. 갈수록 남들 앞에서 말을 잘하는 능력은 필수가 되고 있다. 그런데 말하기가 자신이 없고 겁이 난다면 좋은 기회들을 놓칠 수밖에 없다. 그래서 잘할 수 있는 방법을 찾아내고 연습을 통해 말하기에 익숙해질 필요가 있다.

위에서 말했듯이 나도 많은 사람 앞에 서면 머릿속이 하얘지고, 말이 나오지 않았다. 그런데 기자가 되고, 앵커가 되었다. 물론 한순간에 깨우침을 얻어 갑자기 말문이 트인 것은 아니다. 면접에서 오들오들 떨다가 아까운 기회를 놓치기도 했고, 카메라 앞에서 너무 떨어서 하루 만에 코너에서 잘리기도 했다. 4수 끝에 간절히 바라던 기자가 됐지만 막상 생방송 중계를 할 때는 너무 긴장되어 '이 자리에서 사라졌으면 좋겠다'는 생각이 들기도 했다. 심지어 '앵커가 나한테 질문을 안 했으면 좋겠다'고 생각한 적도 있다.

말하기가 직업이 된 나에게도 말하기는 쉽지 않은 일이었다. 하지만 생존과 직결된 중요한 일이었기 때문에 잘 해내야 했다. 그래서 방법을 연구하고 끊임없이 연습을 할 수밖에 없었다. 그 방법 중의 하나가 기록하기였다. 수년 동안 방송사 입사에 실패하면서 실패 원인을 분석해 적었다. 또 기자가 돼서는 여러 사람을 만나고 취재하면서, 생방송에 출연하면서, 앵커가 되어 방송을 진행하면서 오답노트를 적듯 그날의 실수나 아쉬운 점을 계속 기록하고 분석하면서 내 말하는 모습을 돌아보고 수정했다. 이러한 방법을 통해 말하기 능력을 스스로 개선해나갔다.

예를 들어 취재하며 질문했던 것 중에 부족했던 점, 기사에서 오용한 단어나 반복 사용한 말을 적어두었다. 기자로서 출연하거나 앵커를 할 때는 생방송 중에 어색하거나 실수한 부분들을 적어두곤 했는데 특히 앵커가 된 뒤에는 앉은 자세와 카메라를 쳐다보는 얼굴 각도까지 그림으로 그려서 기록했다. 또한 오독한 단어나 잘못 끊어 읽은 문장은 따로 적어두거나 기사를 뽑아 집에 가져가서 다시 읽었다. 장단음이 헷갈리는 단어를 적어두고 수시로 확인하기도 했다.

인터뷰를 한 뒤에는 질문이 어색하거나 보완할 점은 없었는지 돌아보고 새롭게 적어보기도 했다. 기상 전문가에게 "오늘 아침에도 기온이 떨어져서 도로가 언 곳이 많을 것 같아요?"라고 물었다면 "오늘 아침에도 도로가 얼 정도로 영하권 기온이 이어지고 있죠?"라고 바꿔보는 식이었다. 생방송에서 앞의 질문을 한 뒤 마치 기상전문가에게 엉뚱하게 도로 상태를 물어본 것 같아 아쉬웠던 생각에 방송을 마친 뒤 고쳐본 것이다. 방송은 끝났지만 언젠가 비슷한 상황이 생기는 경우를 대비해 기억하기 위함이었다.

또한 나만의 버릇을 포착해 적어두고 수시로 다시 보며 반복하지 않기 위해 애썼다. 예를 들면 인터뷰할 때 말을 시작할 때마다 습관적으로 '지금'이라는 말을 쓰는 내 모습을 발견하고 '지금 좀 그만 쓰자'라고 적어두었다. 때로는 그날 진행한 인터뷰 흐름을 다시 구성해 적어보기도 했다.

이렇게 점검하고 기록을 하다 보니 앵커를 할 때는 방송을 마치고도 내가 그날 한 방송을 모니터링하고 오답노트를 정리하느라 회사에서 늦게 퇴근하기가 일쑤였다. 그런데 이러한 노력이 내 말하기 능력에 놀라운 성장을 가져왔다. 스스로를 돌아보고 노력하지 않으면 절대 달라질 수 없다. 말하기를 잘하고 싶다면 자신의 모습을 스스로 돌아보고 개선하며 꾸준히 연습하는 과정을 거쳐야 한다. 다른 사람은 말 한마디, 발음 하나까지 자세히 코치해주기가 쉽지 않다. 자신만이 아는 실수나 습관이 있을 수도 있다. 그래서 스스로 자신의 모습을 점검하고 보완해 나가자. 그리고 잊지 않도록 정리하고 기록해두자.

비슷한 상황은 언젠가 반복된다. 유사한 내용의 발표를 다시 할 일이 생길 수도 있다. 또는 똑같은 상사나 거래처를 대상으로 프레젠테이션을 할 수도 있다. 스스로에 대한 기록은 자신의 말하기 실력을 키울 최고의 꿀팁이 될 것이다.

자신감과 뻔뻔함이
유창함을 이끈다

회사를 다니며 주말에 대학원 수업을 들었을 때의 일이다. 마케팅 수업 시간에 교수님이 다음과 같이 영어로 질문을 했다. "드럼 세탁기는 어떻게 대한민국 소비자의 마음을 사로잡았을까요?"

나는 어디선가 들은 이야기가 있어 손을 번쩍 들었다.

"김 앵커, 말해보세요."

그런데 이 수업은 모두 영어로 진행되어 나는 영어로 대답을 해야 했다. 나는 '통돌이 세탁기를 주로 쓰던 우리나라에 드럼 세탁기가 도입됐을 때 그것이 서양에서 쓰는 세탁기, 럭셔리 가전제품이라는 이미지가 호기심을 자극했다'는 말을 하고 싶었다. 토론식 수업이었던 만큼 내 설명이 정답인지 아닌지보다 생각을 얼마나 논리적으로 설명하느냐가 중요했다.

그런데 이 생각을 영어로 말하려고 하자 시작부터 막혀버렸다. 통돌이 세탁기가 영어로 뭔지부터 알 수가 없었다. 아무리 생각해도 알 수가 없어 한참을 생각하고 있자니 마치 생방송에서 침묵이 이어질 때처럼 어색하고 불안했다. 그래서 급한 마음에 이렇게 내뱉었다.

"음, 통도뤼?"

혀를 있는 대로 굴려서 통돌이 세탁기를 표현했다. 나는 영어 단어가 아니라 한국말에 버터를 잔뜩 바른 발음으로 통돌이 세탁기를 말했다. 그러자 강의실에 폭소가 터졌다.

"Washing machine."

학생들과 함께 껄껄 웃으시던 교수님이 '워싱머신'이라며 정정해 주셨다. 교수님은 나의 영어 실력보다 드럼 세탁기가 어떻게 한국 시장에 안착했는지에 대한 분석을 좋게 평가해 주셨다.

학교에서 10년이 넘도록 영어를 배워도 회화를 유창하게 하지 못하는 사람들의 가장 큰 원인은 바로 '말하기를 대하는 자세' 때문이다. 회화를 잘하지 못하는 가장 큰 이유는 실력보다 바로 두려움 때문이다.

'이렇게 말하는 게 맞을까? 내 말이 틀리면 어쩌지? 상대가 이상하게 보면 어떻게 하지?'라고 생각하면 말하기를 주저하게 된다. 사소한 실수나 이에 대한 사람들의 반응을 너무 신경 쓰다 보면 결국 입도 뻥끗하지 못할 것이다. 만약 내가 '통돌이 세탁기'의 영어 단어를 알지 못해 틀린 단어를 말하는 것에 대한 사람들의 반응을 신경 썼다면 나는 답변을 포기하고 말았을 것이다. 중요한 것은 드럼세탁기가 한국에서 인기를 끈 이유에 대한 나의 생각인데, 단어 하나 때문에 내 생각을 발표할 기회를 날렸을 수 있다.

물론 한국인이라는 점을 감안해 완벽한 표현을 하지 않아도 이해해주었겠지만, 일단 입을 열고 말하기 시작한 이후에 설명을 덧붙여 나가며 말을 이어가면 된다. 또한 회화라는 것은 하면 할수록 늘기 때문에 처음에는 완벽하지 않더라도 자꾸 말을 하고 연습을 하다 보면 회화 실력이 크게 늘기 마련이다. 그래서 회화를 잘하기 위해서는 뻔뻔해질 필요가 있다. 말하기도 이와 마찬가지다.

생방송 현장에서도 사소한 실수를 두려워하거나 집착하면 방송을 할 수가 없다. 사실을 정확하게 전달해야 하는 건 기본이지만, 사소한 실수는 과감하게 넘겨야 한다. 물론 나도 처음 앵커를 시작했을 때는 늘 작은 실수라도 할까봐 조마조마한 마음으로 스튜디오에 섰다. 기자를 하다 뉴스 진행을 맡은 뒤 어려운 것 중 하나는 뉴스를 읽는 것이었다.

처음 앵커석에 앉았을 때는 뉴스를 읽는 일이 너무 어려웠다. 온에어 빨간 불만 들어오면 갑자기 입에 침이 마르는 것 같았고, 입안의 혀가 마음대로 움직이지를 않았다. 그러다 보면 어김없이 오독이 이어졌다. 한 번 오독을 하고 나면 뉴스를 다 망친 것 같은 기분이 들어 그 뒤로 자꾸 오독이 이어졌다. 그런 날이면 다시 앵커석에 앉고 싶지 않을 정도로 스트레스를 받았다.

이런 내 모습을 보고 한 선배가 조언을 해주었다.

"그게 중요한 게 아니야."

"앵커가 기사를 제대로 못 읽으면 큰 문제 아닌가요?"

"가장 중요한 건 네가 기사를 정확히 이해하고 전달하느냐지, 단어 하나를 더듬었다고 큰일이 나는 건 아냐. 사람들이 '저 앵커가 단어 하나를 잘못 읽었네'라면서 흉을 보거나 그래서 뉴스를 안 보는 것도 아닐 테고."

선배의 말은 사소한 실수에 집착하지 말고, 두려워할 것도 없다는 의미였다. 위안이 되는 말이었지만, 내게 인사이트를 주는 말이기도 했다. 그전까지는 하나라도 잘못하면 전체를 망치는 거라고 오해하고 있었기 때문이다. 그날 이후로 실수에 대한 두려움이 확연히 줄어들었다.

부담이 줄어드니 오독을 하더라도 다시 한 번 정확히 읽어주는 여유가 생겼다. 물론 오독한 원고를 뽑아 집에서 다시 연습하고, 어떤 부분을 실수하는지 노트에 적어뒀다 생각나는 대로 다시 읽어 보며 실수를 줄이기 위한 노력도 이어갔다. 그런데 사소한 실수에 대한 두려움을 극복하지 못했더라면 그러한 노력도 효과를 보지 못했을 것이다. 생방송에서 실수는 피할 수 없는 일인데, 실수에 초연하고 본질에 집중하는 마음가짐이 없다면 작은 실수에도 흔들리고 방송에 대한 부담과 두려움만 계속 커져갔을 것이다.

생중계를 할 때도 비슷한 경험이 있다. 2019년 홍콩 민주화 시위를 취재하러 갔을 때의 일이다. 그때는 시위대를 하루 종일 따라다니며 주요 지점마다 생중계를 했는데, 그러다 보니 원고를 미리 준비하기가 쉽지 않았다. 그래서 휴대전화에 주요 내용을 메모해두고 중계를 하곤 했다. 하루는 방송에서 시위대가 들고 다니는 피켓을 보여줘야겠다는 생각이 들었다. 그래서 한 손에는 피켓을 들고 한 손에는 마이크를 들었다. 그러고 나니 휴대전화에 기록해둔 메모를 볼 수가 없었다. 그래서 시위대가 든 피켓의 의미와 오늘 시위대가 어떤 경로로 이동할 예정인지, 이후 늦은 밤까지 해산하지 않으면 당국과 충돌이 우려되는 상황까지 전달하려는 내용을 모두 머릿속에 담았다.

그렇게 생중계가 시작되었다. 현장에 모인 사람들의 모습을 묘사하는 데까지는 성공적이었다. 그런데 시위대의 이동 경로를 설명하는데 갑자기 주요 지점 중 하나가 생각나지 않았다. 시위대가 향할 주요 지점 중 하나는 바로 '정부 청사'였다. 순간적으로 이 단어가 도통 생각나지 않았다. '정부 건물을 뭐라고 하더라?'라는 생각만 머릿속에 가득 찼다. 잠시 '어, 어' 하며 머뭇거리던 찰나 '정부 청사'라는 단어가 생각나 위기를 모면할 수 있었다.

그렇게 중계는 무사히 마무리되었지만, 나는 단어 하나 때문에 방송을 망칠 뻔했다며 마구 자책했다. 그런데 놀랍게도 나에게 그런 지적을 하는 사람은 아무도 없었다. 오히려 중계가 생생하고 좋았다는 반응뿐이었다. 아무도 신경 쓰지 않는 일을 나 혼자 집착하고 있었던 것이다.

　말하기에서 많은 사람이 나와 같은 실수를 한다. 사람들 앞에서 발표를 하거나 면접을 보거나 어떤 중요한 상황에서도 언제나 실수의 가능성은 있다. 들고 있는 원고가 뒤섞이거나 컴퓨터가 꺼져서 준비한 PPT를 볼 수 없는 등 예상치 못한 돌발 상황이 생길 수도 있다. 또 준비한 내용이 생각나지 않을 수도 있고, 말하는 도중 단어 하나가 갑자기 생각나지 않을 수도 있다. 만약 그런 상황이 생기더라도 본질에 집중하자. 중요한 것은 전체적인 내용을 전달하고 보여주는 것이다. 잠시 덜컹거릴지언정 목적지까지 청자들을 안내해야 하는 것이 당신의 목표이자 역할이다. 절대로 작은 것으로 인해 전체를 망치지 말자. 작은 실수에 대해 당신을 지적하는 사람은 당신 자신뿐일 수도 있다.

나를 돋보이게 하는
인상적인 말하기

"시청자 여러분 안녕하십니까. ○○○ 신입사원 선발 대회, 결승전을 중계해 드리겠습니다. 말씀드린 순간 수험번호 ○○번 김대근 선수, 서류와 필기시험을 가볍게 넘어 결승선을 향해 치고 나갑니다. 골대를 향해 슛!"

한 방송사 최종 면접 때 면접관들 앞에서 했던 자기소개다. 순간 면접관들이 일제히 신기하다는 듯이 나를 쳐다보았다. 나는 이어서 이렇게 말했다.

"골인! 김대근 선수가 ○○○ 신입사원으로 최종 선발됐습니다!"

그러자 면접관들이 웃음을 참지 못했다.

그 뒤로 이어진 면접은 상당히 순조로웠다. 면접관들은 나에게 호감을 느끼는 듯했고, 그런 만큼 나는 여러 질문에 자신 있게 대답할 수 있었다. 결국 그 방송사에서 최종 합격 통보를 받았다.

사실 처음에는 그 면접장에서 자기소개를 위와 같이 하려고 계획한 것은 아니었다. 여러 지원자들과 함께 토론을 겸한 면접이 진행될 예정이었는데 면접관들이 갑자기 자기소개를 주문했다. 나는 내 순서가 오기 전까지 머릿속으로 차별화된 형식으로 튈 것인가, 아니면 정석대로 자기소개를 할 것인가 고민했다. 다시 말해, 임팩트 있게 내 이미지를 보여줄 것인가 아니면 다른 지원자들이 하듯이 내가 어떤 사람인지 설명할 것인가를 고민한 것이다. 나는 전자를 선택했다.

차별화된 형식으로 튀기로 결정한 데는 몇 가지 이유가 있었다. 현장에는 지원자가 다수였고, 모두가 다른 사람의 면접 장면을 지켜보고 있었다. 그리고 면접을 마치면 그 자리에서 바로 지원자들 간의 토론 전형이 이어질 예정이었다. 여럿이 모여 있는 곳에서는 확실히 차별화된 모습을 보여줄 필요가 있다고 생각했다. 그리고 시작부터 눈에 띄게 자기소개를 해서 다른 지원자들을 기선 제압하겠다는 의도도 있었다. 자기소개에 이어서 토론 면접이 이어지기 때문에 내가 공부한 것들을 차분히 이야기할 기회가 충분히 있다고 판단했다. 그래서 남들보다 더 적극적으로 나를 표현하는 방법을 선택한 것이다.

사실 순간적으로 튀는 자기소개를 할 수 있었던 그 배경에는 꾸준한 준비가 있었다. 면접을 대비해서 평소에도 자기소개를 여러 버전으로 준비하며 연습했기 때문이다. 처음 많이 했던 것은 사물에 비유해 나를 소개하는 방법이었다. 예를 들어 의자에 비유하면 다음과 같다.

"안녕하세요. ○○○입니다. 저는 의자 같은 사람입니다. 언제나 누구든지 편안하게 해주기 때문입니다. 힘들거나 고민이 있는 친구들의 이야기도 잘 들어주고 위안이 되는 말도 잘해주는데요. 공감력이 좋다는 이야기를 많이 듣습니다."

'의자'라는 사물을 통해 공감력을 표현해본 것이다. 직접적으로 "저는 사람들의 말을 잘 들어주고 공감을 잘하는 사람입니다"라고 말하는 것보다 비유를 통해 자신의 장점이 되는 특성을 잘 보여줄 수 있어 상대에게 더 인상적으로 전달할 수 있는 방법이라고 생각한다.

이렇게 여러 버전으로 연습을 하다가 어느 순간 축구중계를 활용해 자기소개를 연습해보았다. 자칫 엉뚱해 보일 수도 있지만, 신입사원의 패기를 강조할 수도 있고 활달하고 적극적인 성격을 드러낼 수도 있다고 생각했다. 그런데 이런 시도도 여러 시행착오를 거쳤다. 좋게 받아주는 곳이 있고 그렇지 않은 곳도 있었기 때문이다.

한번은 카메라 테스트를 보는데 축구중계로 자기소개를 한 적이 있다. 면접관들은 화면을 통해 지원자들을 보고 있었다. 아무도 없는 스튜디오 카메라 앞에서 혼자서 쩌렁쩌렁한 목소리로 스포츠 캐스터처럼 자기소개를 했다. 결국 그 전형에서는 탈락의 고배를 마셨다. 화면에 얼굴이 큼직하게 나오는데 목에 핏대를 세우며 자기소개를 하는 모습이 호감을 주지 못했던 것으로 분석된다. 또는 회사가 원하는 인재상과 맞지 않는다고 생각했을 수도 있다. 차분하고 보수적인 분위기의 회사라면 그렇게 튀는 방식을 좋아하지 않을 수도 있다.

그래서 다음부터는 회사의 특성과 면접 방식에 따라 자기소개에도 변화를 주었다. 소개 시간도 여러 버전을 준비해서 필요에 따라 짧게 하기도 하고, 구체적이고 충분히 소개할 때도 있었다.

자신을 소개하는 방식도 대상이나 장소에 따라 달라야 하는 것처럼 옷차림도 경우에 따라 변화를 주어야 한다. 또한 경력이나 경험이 추가됐다면 자기소개도 업데이트해야 한다. 때와 장소, 또 이력에 따라 자기를 소개하는 방식에 변화를 주어야 좋은 결과를 이끌어낼 수 있다.

자기소개는 그 자체가 하나의 인상적인 이야기가 될 수도 있고, 동시에 이야기를 인상적으로 여는 역할을 할 수도 있다. 중요한 점은 다양한 방식으로 자기를 소개하는 연습을 하는 것이 다른 어떤 이야기를 할 때 도움이 될 수 있다는 사실이다. 청중의 관심을 집중시키며 이야기의 서문을 열거나 중간중간 지루하지 않게 핵심을 짚어주는 능력을 키우는 데 도움이 된다.

나는 취업준비생 시절 자기소개를 잘하기 위해 계속 연구하고 연습했던 '인상적인 말하기'에 대한 고민을 방송을 하면서도 이어가고 있다. 프로그램 오프닝을 어떻게 더 인상적으로 할지, 앵커 멘트는 어떻게 하면 시청자들의 집중도를 더 높일 수 있을지, 기사의 첫 시작은 어떻게 해야 시청자를 사로잡을 수 있을지 인상적인 말하기에 대해 늘 연구하고 고민하고 있다. 이때도 각종 비유와 흥미로운 상황 설명 등 눈과 귀를 사로잡기 위한 온갖 방법을 동원한다. 오랜 기간 취업 준비를 하며 해온 연습이 현업에서 큰 도움이 되는 것이 사실이다.

누구나 '인상적인 말하기'가 필요한 순간이 있을 것이다. 회사에서 발표를 해야 할 때도 있을 것이고, 중요한 자리에서 자기소개를 곁들여 소감을 말해야 할 수도 있다. 또는 면접을 앞두고 있는 분도 있을 것이다. 사람들 앞에서 이야기를 해야 할 때 어떻게 하면 그들의 관심을 집중시켜 내용을 효과적으로 전달할 수 있을지, 또 동시에 화자인 나에 대한 호감도를 높일 방법은 무엇인지 고민하고 있다면 평소에 '인상적인 말하기'를 연습하자. 그 주제는 바로 당신이다. 당신이 가장 잘 알고 언제 어디서나 이야기할 수 있는 주제가 무엇일까? 바로 당신 자신일 것이다.

우리는 하루하루 사소하더라도 수많은 이야깃거리를 경험하고 있다. "오늘은 반가운 사람과 밥을 먹었어요"라며 호기심을 자극하며 이야기의 포문을 열 수도 있고, "오늘은 기분이 좋지 않았습니다"라는 말로 뭔가 사건이 있음을 암시하며 궁금증을 유발할 수도 있다. "식당 문을 열었는데 구수한 냄새가 확 풍겼습니다"라고 청자의 감각을 자극하며 집중을 유도할 수도 있다. 또는 "오늘은 따뜻한 봄날 같은 하루였습니다"라고 비유하며 기분 좋은 이야기를 시작할 수도 있다.

텔레비전에서 강연으로 큰 인기를 끄는 강사들의 공통점이 있다. 자신의 사변적인 이야기나 일상적인 이야기들을 재미나고 인상적으로 포장해 입담을 선보인다는 점이다. 그들의 이야기는 결코 특별하거나 대단한 것이 아니고 우리도 일상적으로 겪는 이야기다. 그럼에도 그들은 그 평범하고 사변적인 이야기를 특별하고 인상적인 이야기로 만들어 사람들을 사로잡는다. 물론 그들도 그러한 이야기를 선보이기 위해 평소 공부하고 고민하며 스피치 기술을 갈고닦는다.

말하기는 결국 연습의 결과물이다. 거울 앞에 서서 당신의 일상적인 하루를 인상적인 이야기로 바꾸는 연습을 해보자. 그러한 연습이 쌓이면 일상적이고 사변적인 이야기를 사람들 앞에서 인상적인 이야기로 포장해 자신을 돋보이게 하는 소재로 바꾸는 능력을 갖추게 될 것이다.

이야기를 돋보이게 하는
시각적인 요소들

2019년 홍콩 민주화 시위 현장을 취재할 때의 일이다. 매일 시위대를 따라다니며 그들의 목소리를 한국에 전했다. 시위는 평화롭게 진행됐지만 어떤 충돌 상황이 생길지 알 수 없어 긴장감이 팽배했다. 당국은 시위대가 해산하지 않으면 언제라도 강제 진압에 나설 태세를 갖추고 있었다. 그곳의 시민들뿐만 아니라 취재진들의 안전도 위협받는 상황이었다. 한국에서 출발하기 전 방독면과 취재진임을 보여주는 프레스(Press) 완장, 헬멧과 형광색 조끼를 반드시 준비해야 한다는 말을 듣기도 했다. 실제로 대규모 집회가 있던 날에는 늦은 밤까지 시위대가 해산하지 않았고 무력 충돌이 우려되었다.

한번은 밤이 되자 경찰이 시위대를 향해 빨리 해산하라는 방송을 시작했다. 언제 최루탄을 쏠지 알 수 없었다. 시위 참가자들 중에 방독면을 쓰는 사람들이 보였다. 나를 포함해 우리 취재진도 얼른 방독면을 꺼내서 썼다. 혹시라도 중계 도중에 최루탄을 쏠 수도 있었기 때문이다. 그러면 안전에도 문제가 생길 수 있고, 방송을 끊어야 할 수도 있었다. 그래서 방독면을 쓴 채로 생중계를 했다.

"네, 저는 지금 홍콩 민주화 시위 현장에 나와 있습니다. 시위대는 오늘 하루 종일 거리를 행진해 정부청사 앞에 모였는데요. 당국에서는 정해진 시간까지 해산하지 않으면 진압에 나설 것으로 보여 긴장감이 흐르고 있습니다. 지금 저쪽에서 충돌이 일어난 것 같은데요?"

방독면을 쓰니 숨도 가쁘고 말소리도 잘 들리지 않아 고래고래 소리를 지르며 방송을 해야 했다. 방독면으로 덮여 있는 얼굴은 물론 온몸에 땀이 비 오듯이 쏟아졌다. 다행히 최루탄을 쏘지는 않았지만, 이런 준비 덕분에 안전하면서도 생생하게 현장을 전할 수 있었다.

나중에 기사를 보다 이런 댓글을 발견했다. '기자가 오버한다.' 하지만 '기자도 누군가의 가족인데 안전하게 방송하는 게 중요하죠'라는 댓글들도 있었다.

홍콩의 시위 현장에서 방독면을 쓰고 방송을 한 것은 결코 과장하기 위함이 아니었다. 경찰이 최루탄을 쏘고 모든 사람이 방독면을 쓴 충돌 상황은 아니었지만, 언제 충돌이 일어날지 알 수 없는 긴박한 상황이었다. 그래서 방독면은 안전과 생중계, 둘 모두를 위한 선택이었다. 그런데 이런 모습은 의도한 것은 아니었지만 현장의 긴장감을 더 생생하게 보여줄 수 있었다. 이를 통해 시청자들은 사태의 심각성을 피부로 느꼈을 것이다.

나는 방송을 하면서 이야기를 부각하기 위한 방법을 늘 고민한다. 시청자의 눈길을 끌고, 더 잘 전달되게 하기 위한 고민은 끝이 없다. 한번은 당시 취재 중이던 의료사고와 관련해서 방송에 출연한 적이 있다. 그런데 수술 과정을 쉽게 보여줄 수 있는 방법이 떠오르지 않았다. 그 과정을 움직이는 그래픽으로 만들어 보여주는 방법도 있었지만, 그럴 시간적인 여유가 없었다. 그래서 나는 생방송 중에 두 손을 들고 수술 방법을 다음과 같이 설명했다.

"제 손을 봐주시면요. 두 손을 모아서 장기를 표현했는데요. 이렇게 한쪽을 잘라내고 안으로 말아 넣어서 꿰매는 겁니다."

두 손을 모으고 가운데 양쪽 엄지손가락을 안으로 밀어 넣으며 수술 방법을 표현했다. 순간 카메라가 내 손을 클로즈업해서 보여주었다. 나는 계속해서 손을 몇 번 오므렸다 폈다 반복하며 수술 방식을 설명했다. 화면에서는 설명을 위해 열심히 움직이는 내 손이 계속 클로즈업되고 있었다. 다행히 그날의 보도가 쉽고 인상적이었다고 좋은 평가를 받았다.

또 한번은 고난을 극복하고 책을 쓴 작가를 인터뷰한 적이 있다. 인터뷰가 결정되자마자 서점으로 달려가 책을 사서 읽었다. 출연자를 이해하고 더 깊이 있는 질문을 하기 위해서였다. 나는 인상적인 내용이 나오는 페이지마다 테이프를 붙여 표시해두었다. 다음 날 인터뷰를 하다 책 소개를 하며 바로 전날 읽었던 책을 들어서 보여주었다. 책에서 인상적인 문구는 그래픽이나 자막으로 보여줄 수도 있고, 책도 영상으로 보여줄 수 있었지만, 내가 직접 읽은 책을 보여주는 것이 더 생생한 느낌을 줄지도 모른다고 생각했다. 인상적인 내용이 담긴 페이지마다 색색깔의 테이프가 붙어 있는 책을 들어서 보여주니 카메라가 화면 가득 책을 클로즈업했다. 방송이 끝나고 책에 붙어 있는 테이프가 인상적이었다는 이야기를 여러 번 듣게 되었다. 나는 그 정도로 열심히 읽어 볼 만한 책이라는 점을 보여주고 싶었는데, 시청자들에게도 의도가 잘 전달된 듯싶었다.

이 밖에도 방송을 하며 이야기를 강조하기 위한 여러 가지 방법을 동원했다. 제스처를 사용하는 것도 그중 하나였다. 강조하고 싶은 말이 나올 때는 손을 활용했다. 아침 방송을 할 때 물가가 올랐다는 이야기를 하면서 한 손을 좀 더 높이 올려 강조하기도 하고, 비판적인 멘트를 할 때는 손에 든 원고를 흔들기도 했다. 또 모으고 있던 손을 양쪽으로 벌리거나 앞으로 내밀며 따뜻한 소식을 전하고, 손바닥을 정면에 펴 보이거나 집게손가락을 흔들며 잘못된 현실을 지적하기도 했다. 이 밖에도 이야기를 강조하기 위해 스튜디오를 가로질러 걸어가며 멘트를 하거나 1번 카메라를 보다 2번 카메라로 몸을 틀어 멘트를 이어가기도 했다. 이러한 모든 보디랭 귀지는 이야기를 강조하기 위해 고민해서 연출한 것이었다.

화자의 분위기, 이미지도 이야기에 영향을 미친다. 그런 만큼 방송을 할 때는 전하는 이슈에 따라 목소리 톤과 표정까지 신경을 썼다. 무겁고 진지한 이야기를 전할 때는 목소리 톤을 더 무게감 있게 해서 진행했다. 밝은 소식을 전할 때는 웃으며 목소리를 한 톤 높여 가벼운 분위기를 만들었다.

또한 이야기에 걸맞은 옷차림도 매우 중요하다. 아침 뉴스를 진행할 때는 활기찬 느낌을 주기 위해 셔츠를 입고 팔을 걷어붙였다. 또 분위기에 따라 셔츠 색상을 바꾸어 입었다. 무거운 소식을 전해야 하는 날에는 셔츠 색깔을 너무 밝거나 가볍지 않은 것으로 입었다. 선거가 가까워지면 각 정당을 상징하는 색상의 옷은 피했다. 앵커는 중립적으로 방송을 진행해야 하는 입장이어서 조금이라도 오해의 소지가 생기지 않도록 하기 위해서였다.

추석 때 기자가 회사 버스를 타고 중간중간 시민들을 만나 인터뷰하면서 고향까지 가는 코너를 진행한 적이 있다. 이른바 '기자도 고향 갑니다'라는 코너였다. 사건팀에서 전날 저녁까지 사건·사고를 취재하던 나는 갑자기 불안해지기 시작했다. 명절에 귀성객들을 인터뷰하면서 나의 고향 가는 길을 보여주는 내용인데, 이런 방송은 처음이었기 때문이다. 생각해보니 우선 나부터 오랜만에 고향을 가는 설렘과 기분 좋은 모습을 보여주는 것이 필요했다. 고민 끝에 정장이 아니라 한복을 입기로 했다. 명절 분위기를 확실히 보여주기에는 이만한 방법이 없다는 생각이 들었기 때문이다.

나는 저녁 늦게 한복 대여점으로 달려갔다. 대여점 사장님이 추천한 대로 조명을 받아도 잘 나오는 색상의 한복을 차려입고 서울을 출발해 고향까지 가면서 시민들을 만나 즐거운 귀성길 소식을 전했다. 한복을 입고 인터뷰를 하니 귀성객들도 더 명절 기분을 느끼는 듯했고, 그런 분위기는 방송을 통해서도 잘 전달되었다.

신입사원 선발 전형 중에서 카메라 테스트와 토론 면접의 진행요원을 맡았을 때의 일이다. 그날 내가 본 지원자들은 대부분 비슷한 옷차림을 하고 있었다. 바로 검은색 정장이었다. 물론 검은색 정장이 면접에 입고 가기에 가장 무난한 것은 사실이다. 하지만 또 한편으로 자신의 개성을 가리는 면도 있다. 자칫 자신의 이미지와 말의 힘이 옷의 평범함으로 인해 묻힐 가능성도 있다. 신입사원이 보여줄 수 있는 매력 중의 하나는 바로 젊음이다. 그리고 실제로 말과 행동에서 패기와 열정을 보여주는 것이 중요하다. 자신만이 가지고 있는 이런 장점이 더 부각되도록 옷을 골라 입었다면 더 좋았을 거라는 생각이 들었다. 격식에 크게 어긋나지 않는 범위에서 밝은 색상의 의상 등 자신을 잘 드러낼 수 있는 옷차림으로 다른 사람들과 차별화를 꾀하는 것도 하나의 면접 전략이 될 수 있다.

말하기에서는 말을 잘하는 것도 중요하지만, 자신의 이야기가 돋보이도록 할 수 있는 배경도 중요하다. 내용의 분위기에 걸맞은 목소리와 표정은 물론 이야기와 연관된 소품도 도움이 될 것이다. 또한 내용에 맞는 제스처도 적절히 사용해보자. 물론 남들 앞에 서서 말하는 것도 쉽지 않은데 자기 몸을 자유롭게 움직이는 것이 어색할 수도 있다. 그러나 보디랭귀지는 제2의 언어다. 말만으로는 자신이 하고자 하는 이야기를 모두 전달하기에 부족하다. 그래서 보디랭귀지를 적절하게 잘 사용하는 것이 매우 중요하다. 예를 들어 강조하고 싶은 부분이 있다면 한 손을 가볍게 가슴 높이로 올려보자. 그러면 청자들도 당신이 이 부분을 중요하게 생각한다는 것을 알아차릴 것이다.

옷차림도 이야기를 잘 전달하는 데 효과적인 요소다. 이야기의 분위기에 따라 색상을 신중하게 정하면 청자들에게 더 효과적으로 전달할 수 있다.

나의 말을 돋보이도록 하기 위해서는 여러 가지 요소들이 뒷받침되어야 한다. 무엇을 활용해 나의 말을 가장 잘 전달할 수 있을지 세심하게 고려하고 신경 쓸수록 나의 말하기 수준은 향상된다는 사실을 잊지 말자.

발표 긴장을 눌러주는
특효약, 리허설

앞에서도 말했지만, 남들 앞에서 말을 하는 직업을 가진 나도 긴장 감을 극복하는 데 매우 오랜 시간이 걸렸다. 처음으로 봤던 방송사의 카메라 테스트는 그 후의 트라우마가 되었다.

그때의 시험은 난생처음 앉아 보는 높은 회전의자에 앉아서 원고를 읽는 테스트였다. 그런데 그 회전의자가 앉았을 때 다리가 땅에 닿지 않을 정도의 높이였다. 처음에는 카메라를 보고 자신 있게 원고를 읽어내려갔다. 그런데 갑자기 사람들이 나를 쳐다보고 평가하고 있다는 생각이 들기 시작했다. 그러자 갑자기 다리가 사정없이 떨렸다. 게다가 엉덩이는 의자 안쪽에 바짝 붙인 채 두 발은 발 받침에 걸치고 있었다.

그 상태에서 다리가 떨리자 회전의자가 조금씩 옆으로 돌아가기 시작했다. 만약 한 발이라도 땅을 딛고 있었다면 돌아가지 않도록 지탱을 할 수 있었겠지만, 두 발을 발 받침에 올린 것이 화근이었다. 원고를 읽는 내내 얼굴은 앞을 보고 있었지만, 목 아래로는 정상 궤도를 벗어나려고 난리였다. 그래서 두 손으로 테이블을 잡으며 안간힘을 썼다. 하지만 원고를 다 읽고 난 뒤 내 몸은 오른쪽으로 완전히 돌아간 상태였다. 얼굴은 앞을 보며 억지웃음을 짓고 있었지만, 몸은 오른쪽으로 돌아간 상태로 두 손에 힘을 잔뜩 준 채 간신히 테이블을 잡고 있는 모습이었다.

심사위원들도 긴장감을 주체하지 못하는 지원자의 모습에 후한 점수를 줄 수는 없었을 것이다. 그렇게 첫 카메라 테스트를 망치고 결국 탈락하고 말았다.

그런데 이러한 경험이 방송사 입사 5년 차 때 또다시 시작되었다. 처음 앵커를 맡아 아침방송을 하는 날이었다. 주말에 앵커를 해보기도 했고, 기자로서 스튜디오 출연을 한 적도 있었지만 평일 아침 생방송 뉴스를 책임지게 되자 '출근하기 전에 뉴스를 챙겨보는 사람이 많을 텐데'라는 생각으로 긴장감이 배가 되었다.

더욱이 해야 할 것이 너무 많았다. 앉았다 일어났다가 여기를 봤다가 저기를 봤다가 또 1번 카메라를 보았다가 3번 카메라를 보는 등 정신이 하나도 없었다. 그리고 무엇보다 서서 진행하는 코너는 수십 배는 더 긴장이 되었다. 앉아서 진행할 때는 뭔가 의지할 곳이 있는 느낌이었다면 서서 진행할 때는 오롯이 내 두 다리 외에는 나를 지탱해 줄 것이 없었다.

심지어 큐 사인이 울리자 이런 생각이 들기 시작했다. '내가 생방송 뉴스를 하고 있잖아? 만약 뭐라도 실수하면 그대로 방송에 나가겠지!' 그러자 두 다리가 부들부들 떨리기 시작했다. 땅에 발을 딛고 서 있는 것도 힘들 지경이었다. 진동은 갈수록 심해졌고 원고를 들고 있는 팔까지 후들후들 떨렸다. 온몸이 떨리니 목소리까지 떨릴 것만 같았다. 그래서 실수하기 전에 빨리 끝내야겠다는 생각뿐이었다.

그러자 설상가상으로 이번에는 말이 빨라졌다. 자연스럽게 카메라와 원고를 번갈아 보면서 종이를 넘기는 것은 엄두조차 낼 수 없었다. 두 손은 원고를 꽉 쥐고, 두 눈은 프롬프터에 뜨는 글자를 하나라도 놓칠까봐 부릅뜨고 마치 돌이라도 된 것처럼 부동자세를 취하고 있었다. 마지막 문장의 어미를 후다닥 읽고 나서야 몸의 긴장이 풀렸다. 그렇게 떨리던 다리도 카메라가 꺼지자 언제 그랬냐는 듯이 멀쩡해졌다.

하지만 이미 엎질러진 물이었다. 그렇게 긴장으로 스스로를 제어하지 못하는 앵커를 어떻게 방송에 내보낼 수가 있겠는가. 결국 다음 날부터는 여자 앵커가 코너를 맡는 것으로 바뀌었다. 하루 만에 코너에서 잘리는 대참사를 겪고 말았다.

아마 많은 사람이 이러한 경험을 해보았을 것이다. 남들 앞에서 발표를 해야 하는 순간 다리는 물론 손까지 덜덜 떨리고, 떨리는 몸을 멈춰보려고 힘을 주면 더 심하게 떨렸던 경험, 또 온몸을 바들바들 떨다 목소리까지 떨렸던 경험이 있을 것이다.

나는 방송사 첫 카메라 테스트를 망치고 어떻게 하면 떨림과 긴장을 극복할 수 있을지 진지하게 고민했다. 그때 내가 내린 처방은 연습이었다. 나는 시험 때 나를 고난에 빠뜨렸던 의자와 똑같은 의자를 구해서 거기에 앉아서 원고를 읽는 연습을 했다. 그때 다음과 같은 요령을 터득할 수 있었다. '아, 이런 의자는 엉덩이를 끝에 걸치고 한 발은 땅에 붙이고 있어야 안정감이 있구나.' 그리고 한의원을 찾아갔다. 시험 때 청심환 한 번 먹어본 적이 없었지만, 한의사 선생님이 추천해 준 공진단을 구입해서 먹었다. 기력을 회복해 떨지 않기 위해서였다.

그러자 다행히 다음 시험에서는 같은 실수를 반복하지 않았다. 공진단의 효과인지 아니면 수도 없이 실전처럼 연습한 덕분인지 그 후로 다리가 떨리는 일은 없었다.

그렇게 카메라 울렁증을 스스로 극복했다고 생각했는데, 몇 년 뒤 앵커가 돼서 똑같은 경험을 했을 때는 자괴감이 들었다. '나는 능력이 없는 것인가. 이러다 앵커에서 잘리는 것은 아닌가'라는 생각이 들면서 비참한 심정이었다. 다시는 그런 모습으로 방송을 진행할 수는 없었다. 그래서 이번에도 입사 시험을 준비할 때처럼 해보기로 했다. 생방송을 진행하기 전에 나만의 리허설을 했다. 아직 조명이 켜지지 않은 스튜디오에 걸어 들어가 카메라 앞에 서서 원고를 읽었다. 조명이 켜지고 온에어 불빛이 들어왔다고 상상하며 연습을 진행했다. 이렇게 며칠을 어두운 스튜디오에서 발성 연습도 하고 원고도 읽으면서 혼자서 리허설을 했다.

그 결과 카메라 앞에서 다리를 부들부들 떠는 일은 다시는 일어나지 않았다. 심지어 한 선배로부터 "어떤 상황에서도 떨지 않는 것 같다"는 평을 듣기까지 했다. 이 모든 것이 연습의 효과였다.

만약 중요한 발표를 해야 하는데 너무 긴장되고 떨린다면 리허설을 추천한다. 긴장감과 떨림을 단번에 해결해 줄 방법은 없다. 사람들 앞에서 수없이 말을 하는 사람들도 사람들 앞에 설 때면 언제나 긴장이 된다고 한다. 그런 만큼 사람들 앞에서 발표를 하는데 떨리지 않는 사람은 없다. 그래서 그러한 긴장감과 떨림을 해소하는 방법은 오직 사전의 연습뿐이다.

발표 때의 원고를 준비하고 가상의 대중이 있다고 상상하면서 실전처럼 연습해보자. 최대한 발표 때와 비슷한 환경을 만들어보자. 발표 장소에 미리 갈 수 있다면 실제로 그 자리에 서서 발표 내용을 소리 내서 읊어보자. 이를 통해 자기 자신을 가상의 상황에 익숙하게 만들자. 그러면 갑자기 사람들 앞에 섰을 때의 낯선 느낌과 이로 인한 긴장감을 덜어줄 것이다.

또 한 가지 좋은 방법은 연습하는 모습을 촬영해 보는 것이다. 휴대전화로도 충분히 좋은 화질로 영상을 찍을 수 있으니 앞에 휴대전화를 세워두고 연습 장면을 촬영해보자. 자신의 표정이나 자세가 어떤지, 목소리는 잘 전달되는지 확인하는 데 크게 도움이 된다. 이렇게 해야 자기 목소리 톤이 어떤지도 알 수 있고, 전달이 잘되는지도 확인할 수 있다.

또 영상 촬영은 이야기를 강조하기 위한 제스처나 분위기에 맞는 옷차림을 점검하는 데도 도움이 된다. 또한 내용 구성이 적절한지도 점검할 수 있다. 제3자의 입장에서 영상 속 자신이 하는 이야기를 듣다 보면 어색한 부분이나 덜어낼 부분도 더 잘 보이게 된다.

나는 처음으로 방송 출연을 하거나 현장 중계에 나가는 후배들에게 사전에 실전처럼 연습해 보라고 권한다. 출연 전에 빈 스튜디오에 미리 가서 의자에 앉아 보거나 중계 상황을 가정하고 카메라 앞에서 멘트를 해볼 수 있게 도와주기도 한다. 넓은 스튜디오에 한 번 서보는 것, 의자에 앉아 카메라를 한 번 쳐다보는 것, 현장에서 하듯이 멘트를 한 번 해보는 연습이 완전히 다른 결과를 낳는다.

연습의 가장 큰 효과는 보다 긴장감을 줄여주고 편안한 마음을 가질 수 있도록 한다는 점이다. 편안한 마음가짐이 뒷받침되어야 사람들 앞에서 말하는 데 자신의 실력을 최대한 발휘할 수 있다.

대화의 물꼬를 트는
아이스브레이킹의 힘

한번은 한 지인이 처음 방송에 패널로 출연한 뒤 나를 만나 푸념을 했다.

"오늘 방송은 망친 것 같다. 앵커가 자기 일만 하고 있으니까 말도 못 걸겠고, 그러다 바로 방송을 시작하니까 아무 생각도 안 나서 말도 제대로 못 하겠더라고."

그러면서 나에게 이렇게 당부했다.

"너는 방송할 때 인터뷰 시작 전에 꼭 출연자한테 말을 좀 걸어줘."

지인의 이야기를 듣자 평소 나는 어땠는지 저절로 돌아보게 되었다. 생방송 중에 앵커는 신경 써야 할 일이 매우 많다. 다음에 전할 뉴스 멘트를 다시 읽어보고 의미를 곱씹는 것은 물론, 새로 들어오는 소식이 없나 확인하고 관련 내용을 찾아보기도 한다. 또 인터뷰 질문지도 다시 한 번 살펴보며 전체적인 흐름과 중요한 부분을 거듭 정리한다. 그래서 나도 출연자가 들어오면 간단히 인사만 건네고는 다시 원고에 집중하기 일쑤였다. 지인의 하소연을 듣고 나도 앞으로는 그러지 말자고 스스로 반성하는 계기가 되었다.

그런데 인터뷰의 어려움을 호소한 사람은 이 지인뿐만이 아니었다.

"스튜디오에 들어오면 어색하다니까."

아침 뉴스를 진행할 때 출연자로 함께했던 한 정치인이 말했다. 그 정치인으로 말하자면 선거 때는 물론 평소에도 사람들 앞에 나서는 일이 많은 분인데 방송이 어색하다니 의외였다.

"앞이 휑하고 카메라도 많고 조명이 밝으니까 낯설어."

그 말을 듣고 앞을 보니 그럴 수도 있겠다는 생각이 들었다. 스튜디오 안 여기저기서 카메라가 나와 출연자만을 비추고 있었다. 게다가 조명은 눈이 부실 정도로 밝았다. 더욱이 앞에 청중이 있는 것도 아니었다. 앞에 있는 카메라 감독이나 AD는 모두 자기 일에 집중하고 있었다. 멘트를 하다 보면 내가 누구한테 말하고 있나 라는 생각이 들 듯싶었다.

대중을 상대로 말하는 데 능숙한 정치인조차 입을 떼기 어렵게 만드는 낯설고 차가운 분위기라는 점을 이해할 수 있었다. 방송 전에 느끼는 어색함은 실제 인터뷰에도 영향을 미친다. 자주 와본 곳에서 오래 본 사람을 만난 것처럼 친숙함이 느껴져야 인터뷰도 자연스럽기 마련이다. 그래서 그때부터 출연자들에게 더 신경을 쓰게 되었다.

생방송 중에 출연자들이 미리 스튜디오에 들어와 대기할 때면 틈틈이 말을 걸면서 긴장을 풀도록 도왔다. 눈부신 조명이 비추는 스튜디오가 아니라 출연자와 나, 두 사람이 만나 이런저런 이야기를 나눈다는 편안함을 느끼게 하기 위해서였다. 본격적인 인터뷰 시작 전에 얼굴을 마주 보며 나누는 대화는 스튜디오의 낯선 공기를 잊게 하는 데 효과가 있었다.

언제부터인가 나는 인터뷰 전에 출연자들과 일상적이고 가벼운 주제부터, 인터뷰 질문에 포함된 내용은 물론, 그보다 더 깊이 있는 질문이나 추가 주제까지 두루두루 이야기를 나누게 되었다. 첫 대화는 보통 교통이나 날씨 같은 스몰토크로 시작했다.

"오시는 데 얼마나 걸리셨어요? 불편하지는 않으셨어요?"

"아침 방송이라 일찍 준비해야 해서 힘드셨겠습니다. 나와주셔서 감사합니다."

"오늘 새벽에 출근하는데 비가 많이 와서 혹시라도 늦을까 봐 걱정했습니다."

이것은 직장에서도 흔히 나누는 대화들이다. 만나자마자 곧바로 인터뷰를 시작하면 평소 말을 잘하는 사람이나 그 분야의 전문가라고 해도 얼어붙을 수밖에 없다. 그래서 평소 동료들과 나눌 법한 대화를 시작으로 자연스럽게 인터뷰 주제로 대화를 확장했다. 이때는 인터뷰 질문에 대해 이야기를 나누기도 하고, 좀 더 깊이 있게 추가 질문을 하며 방송에서도 한 단계 더 나아간 질문이 가능할지 사전에 타진해보기도 했다. 이런 과정은 자연스럽고 깊이 있는 인터뷰를 위해서도 좋지만 출연자에게도 도움이 되었다. 실제 방송에서 자연스럽게 자신의 생각을 말할 수 있도록 준비를 해볼 기회가 되기 때문이다.

뉴스 프로그램을 진행할 때는 오프닝을 어떻게 할지 항상 고민이었다. 아마도 독자 여러분은 "시청자 여러분 안녕하십니까. 뉴스를 시작합니다"와 같은 오프닝 멘트에 익숙할 것이다. 곧바로 본론으로 들어가는 방식이다. 한 톤 높은 딱딱한 말투로 시작하는 뉴스는 시작부터 긴장감과 이슈에 대한 몰입감을 줄 수 있다.

그런데 뉴스를 꼭 이렇게 시작해야 하는 것은 아니다. "여러분 안녕하십니까. 지금 출근 준비하시는 분들도 많을 텐데요. 오늘은 조금 서두르셔야겠습니다. 오늘 ○○에서 사고가 있었는데요. 사고 수습의 여파로 일부 구간이 통제되고 있으니 참고하시기 바랍니다. 관련 내용 잠시 후에 전해드리겠습니다." 이런 식으로 시청자와 대화하듯이 오프닝을 하는 방법도 있다.

내가 진행했던 아침 뉴스는 처음부터 편안한 뉴스를 포맷으로 정했던 만큼 관계자들과 많은 논의 끝에 오프닝도 이렇게 시청자와 대화하듯이 시작했다. 남녀 앵커가 서로 주거니 받거니 대화를 하면서 시청자에게도 말을 건네는 방식이었다. 이런 뉴스 오프닝은 마치 시청자와 일종의 아이스브레이킹을 하는 것과 같다. 이 경우 시청자가 좀 더 편안하게 뉴스를 받아들이는 데 도움이 된다.

그런데 오프닝 방식은 각각 장단점이 있고 어울리는 때와 장소가 있다. 무겁고 한시가 급한 뉴스가 있을 때는 전자의 방식이 나을 것이다. 이와 달리 좀 더 편하게 뉴스를 보는 시간대라면 후자의 방식도 가능할 것이다. 시청자와 대화하는 듯한 오프닝은 전체 프로그램 분위기를 편안하게 만들어 주기 때문이다.

이렇게 아이스브레이킹은 대화를 자연스럽게 이어가는 방법이면서 동시에 어색한 분위기를 풀어주는, 상대를 위한 배려이기도 하다. 앵커를 할 때는 내가 출연자를 배려하며 긴장을 풀기 위한 대화를 주도했다면 반대로 내가 이런 배려를 받은 적도 있다.

방송사에 입사한 지 며칠 되지 않았을 때다. 처음 경찰서 강력팀의 문을 두드렸던 날이었다. 경찰서도 처음이었고, 더욱이 강력팀은 무서운 느낌마저 들었다. 마음 같아서는 들어가고 싶지 않았지만, 그때 나는 무엇이든지 보고할 거리가 필요한 수습기자였다. 그래서 경찰서 어디든 가서 누구라도 만나 뭐라도 묻고 들어야 했다.

무척 긴장되는 마음으로 강력팀 사무실 문을 열었다. 누구한테 다가가서 말을 걸어야 할지 눈치를 살피며 사무실을 둘러보았다. 하지만 어느 누구도 쳐다봐주는 사람이 없었다. 냉랭한 분위기 속에서 누구한테 말을 붙여야 할지 알 수가 없었다. 그러나 사실 누가 날 쳐다봐준다고 해도 무슨 말을 해야 할지도 잘 몰랐다. 그렇게 혼자서 뻘쭘해하고 있을 때 한 형사가 나를 불렀다.

"무슨 일이세요?"

나는 냉큼 그쪽으로 다가갔다.

"안녕하세요. 오늘부터 출입하게 된 수습기자입니다."

어색하게 자기소개를 하는데 그 형사분이 미소를 띠고 내게 뭔가를 내밀었다.

"피곤하죠? 이거 먹어요."

비타민이었다. 비타민을 받아들고 나는 형사분을 향해 자연스럽게 이야기를 늘어놓았다. 수습기자는 하루에 몇 시간 못 자서 실제로 많이 피곤하다는 둥, 그런데도 몇 시간에 한 번씩 선배에게 보고를 해야 해서 이리저리 바쁘게 돌아다닌다는 둥 이런저런 이야기를 했다. 사실 그날 특별한 기사거리를 얻은 것은 아니었지만, 나에게는 처음 만난 강력팀 형사와 대화를 했다는 것만으로도 큰 소득이었다. 자신의 일도 바빴을 텐데 눈치만 보고 있던 나에게 말을 걸어준 그 형사분의 배려가 고마웠다. 그리고 그 따뜻한 마음은 지금도 기억에 많이 남는다. 또한 그런 배려를 받은 나는 그런 상황에 처한 사람을 만나면 먼저 손을 내밀어 도와주게 되었다.

이렇게 상대와의 사소한 대화는 방송 인터뷰를 할 때는 물론 낯선 사람을 만났을 때도 긴장을 풀어주는 효과를 가져다준다. 낯선 사람이나 직장 상사와 같은 어색한 사람과 미팅이나 식사를 해야 하는 상황이 생기면 어떠한가? 아마도 그 자리를 빨리 벗어나고 싶은 마음이 간절할 것이다. 그러나 그렇게 하기는 쉽지 않다. 이 또한 사회생활의 연속이기 때문이다. 또 공적인 자리에서 중요한 발표를 해야 하는 상황에서는 어떠한가? 이때 역시 긴장되고 어색하지만 극복하고 잘 해내야 한다.

이럴 때는 긴장감을 깰 수 있는 스몰토크로 시작해보자. 사적인 자리라면 "식사는 하셨어요? 오시는 길은 편안하셨는지요?"와 같은 사소한 이야깃거리를 던져보자. 또한 많은 사람 앞에서 발표하는 자리라도 소소한 이야기는 청중과 당신 사이의 긴장감을 깨고 함께 내용에 더 몰두할 수 있도록 분위기를 풀어줄 것이다.

당신 앞에 수많은 청중이 있다고 상상해보자. 넓은 강당에 사람이 가득 차 있고, 웅성웅성 소리까지 들리니 심장이 쿵쾅쿵쾅 뛴다. 이제 당신은 마이크를 들고 이야기를 시작한다.

"안녕하세요."

그 순간 강당은 조용해질 것이다. 동시에 수많은 눈이 일제히 당신을 바라보며 집중할 것이다. 그러면 솔직하게 이야기를 시작해보자.

"오늘 오는데 날씨가 많이 춥더라고요. 오들오들 떨릴 정도였는데 강당에 서니까 더 떨리는 거 같습니다. 정말 많은 분이 오신 덕분에 얼었던 몸이 녹는 거 같은데 긴장감도 풀어지겠죠? 잘 부탁

드립니다."

　이런 사소한 말들은 화자 자신의 긴장을 풀기 위한 것이기도 하지만 청중이 본론을 들을 준비를 하는 데에도 도움이 된다. 발표가 시작되자마자 본격적으로 어려운 이야기를 쏟아낸다면 청중의 집중력도 떨어질 수밖에 없다. 발표하러 오던 길에 본 것들, 교통 사정, 그날의 날씨 등 모든 것이 소재가 될 수 있다. 사소한 이야기로 당신과 청중의 긴장감을 깨보자. 스스로 긴장을 풀어 발표를 더 잘해내는 것은 물론 전체적인 분위기까지 녹여줌으로써 청중도 당신의 발표 내용에 더 깊숙이 빠져들게 될 것이다.

짧은 말하기 연습을 통해
말할 때 습관을 교정하자

만약 길을 걷고 있는데 갑자기 방송국 기자가 마이크를 들이대면서 "이런 사안에 대해 어떻게 생각하세요?"라고 물어본다면 생각을 거침없이 말할 수 있는가?

아마 대부분 당황하고 순간 무슨 말을 할지 잘 떠오르지 않을 것이다. 그런데 요즘 방송 리포트를 보다 보면 감탄할 때가 많다. 인터뷰하는 시민들이 말을 너무 논리적으로 잘하기 때문이다. 위와 같은 갑작스러운 상황에서도 짧은 문장으로 자신의 생각을 잘 전달하는 사람들을 보면 대단하다는 생각이 든다. 가끔은 그런 인터뷰에서 리포트 제목을 뽑기도 한다. 그만큼 논리적이면서도 인상적으로 말할 줄 안다는 것이다. 물론 제법 말을 잘하는 사람들의 인터뷰가 채택돼 리포트에 나오는 것이겠지만, 말을 잘하기 위해서는 순발력도 중요한 요소다.

언론사 시험을 준비했을 때 스터디 중에는 말하기 스터디가 있었다. 보통 면접 전형에 올라가면 급하게 예상 질문을 뽑아서 준비하곤 했는데, 그 전에 자연스럽게 말하는 법부터 숙달하자는 취지였다. 면접이 닥쳐서 급하게 준비하면 예상 질문에 딱 떨어지는 답변을 찾기에 바빴는데, 좀 더 넓은 시각으로 다양한 답변을 준비하면서 어떤 압박에도 편안하게 대응하기 위해서는 평소에 여러 주제에 대해 미리 생각해 보고 답하는 연습이 필요했다.

그러나 매번 예상 질문을 뽑아서 한두 시간씩 모의 면접을 연습할 수는 없는 노릇이었다. 좀 더 가볍게, 그러면서도 재밌고 자유로운 분위기에서 말하기 연습을 할 방법은 없을까 고민했다. 그러다 찾은 방법이 주제어를 뽑아 말하는 연습이었다. 그날그날 여러 주제어를 받아 종이에 적고 섞어 놓은 뒤 각자 하나씩 종이를 뽑고, 나온 주제어에 대해 잠시 생각하고 스피치를 하는 방식이었다. 길이는 1분~3분 정도로 제한했다. 면접에서는 분위기에 따라 각주제에 대해 말하는 시간도 조절할 수 있어야 했는데, 이런 연습은 그러한 감각을 기르는 데 도움이 되기 때문이다.

종이에는 면접에서 물어볼 만한 것이라면 모두 적었다. 최근 인기를 끌고 있는 드라마나 영화 제목, 올해 베스트셀러, 시사 용어까지 분야를 가리지 않았다.

예를 들어 '가을'이라는 주제어를 받았다고 하자. 만약 당신이 가을에 대해 주제어를 받고 짧은 스피치를 해야 한다면 어떻게 말할지 잠시 생각해 보라. 나는 이렇게 정리해보았다.

"기록적인 폭염이 가더니 가을이 왔습니다. 어느 때보다 더웠던 여름 탓에 선선한 이 계절이 좀 더 오래 갔으면 좋겠습니다. 하지만 이런 바람과 다르게 이번 가을은 길지 않을 거라고 합니다. 이제 곧 급격하게 추워질 거라고 합니다. 그래서 가을에 할 수 있는 것들을 더 열심히 해야겠습니다. 책도 더 읽고 등산도 더 많이 가보려고 합니다. 이렇게 가을처럼 오래 지속됐으면 좋겠지만 잡을 수 없는 것들이 있죠. 그 시간이 아쉽지 않도록 충분히 즐기고 추억도 많이 만드는 게 좋겠습니다."

이런 식으로 '짧은 가을에 대한 아쉬움과 잡고 싶은 것들의 소중함'에 대해 이야기할 수도 있을 것이다. 또는 평년에 비해 기온이 높은 가을과 곧이어 올 것으로 예보된 기록적인 한파에 대해 언급하며 '기상이변 문제'를 지적할 수도 있을 것이다.

대단한 이야기를 하려고 애쓰지 말자. 중요한 점은 이 과정을 놀이처럼 받아들이는 것이다. 아마도 관련 시험준비를 하는 사람들이 아니라면 사람들 앞에서 뭔가 주제를 정하고 자기 생각을 짧게 정리해서 말해본 경험이 많지 않을 것이다. 말하기 연습을 위해 장문의 원고를 준비하고 단상에 오르는 것도 좋겠지만 매번 그럴 수는 없다. 부담스럽기도 하고 그 정도의 시간을 언제나 내기는 쉽지 않기 때문이다. 친구, 동료들과 함께하는 이러한 가벼운 말하기 연습은 부담은 적으면서도 즉흥적인 말하기의 압박과 긴장감을 덜어주고, 순발력을 기르는 데 효과적이다. 실수를 해도 상관없다. 그냥 친구들과 수다를 떤다고 생각하자.

이렇게 가볍게 말하기 연습을 하면서 한 단계 더 나아갈 수도 있다. 나에게 말하는 중에 반복적으로 나오는 버릇이 있는지 살피고 고쳐나가는 것이다. 어학연수를 갔을 때 영어 말하기에 익숙해지려고 토스트마스터즈(Toastmasters) 모임에 잠시 나간 적이 있다. 자신이 준비한 주제에 대해 짧은 스피치를 하는 모임이었다. 멤버들은 친절했고 다른 사람의 발표를 재밌게 들어주었다. 그런데 엄격한 모습을 보일 때도 있었다. 발표자가 말할 때 습관적으로 어떤 행동을 할 때였다. 예를 들면 말을 하면서 '음'과 같은 소리를 반복적으로 내는 발표자가 있었다. 사람들은 그때마다 종을 흔들었다. '딸랑.' 말하는 중에 울리는 종소리는 잘못을 지적하는 의미라기보다 발표자가 더 자신 있게 자기 생각을 말할 수 있도록 오히려 도와주는 역할을 했다. 자신 없어 보이는 습관을 스스로 의식하고 고칠 수 있도록 했기 때문이다.

나는 기자가 되고 나서 비슷한 지적을 받은 적이 있다. 중계를 할 때 말을 시작할 때마다 '아' 소리를 내는 버릇이 있었다. '아, 그래서 오늘 어땠습니다, 아, 누구는 이렇게 말했습니다. 아, 그렇습니다.' 이렇게 마치 말을 시작하기 위한 준비 자세라도 취하듯 '아, 아' 하는 소리를 내고 있었다. 나는 의식하지 못했지만, 듣는 사람에게는 분명하게 인식되었다. 한번은 중계를 마치자마자 회사 선배로부터 전화를 받았다. 나는 처음에는 선배의 지적이 무슨 말인지 이해하지 못했는데, 내 중계 영상을 돌려보고 나서야 안 좋은 습관이 있다는 사실을 알게 되었다. 그래서 다음부터는 그러지 않도록 신경을 썼다. 시청자들에게는 기자가 말하는 내용은 들리지 않고 반복적인 '아' 소리만 들릴 수도 있기 때문이다.

말하기도 평소의 습관이 중요하다. 말을 하면서 무의식적으로 안 좋은 습관이 나올 수 있기 때문이다. 만약 면접을 볼 때 그런 습관이 계속 나타나면 면접관은 단번에 알아볼 수도 있고, 말을 듣는 데 거슬릴 수도 있다. 또한 발표를 할 때도 마찬가지다. 발표를 할 때 지속적으로 좋지 않은 습관이 튀어나온다면 자신은 의식하지 못하겠지만 청중에게는 방해가 될 것이다.

짧은 말하기 연습을 하며 자신의 행동 습관을 점검하는 것은 좋은 방법이다. 발표나 강연을 할 때 평소 습관적으로 하는 행동이 청중의 집중력을 방해할 수도 있기 때문이다. 예를 들어 긴장될 때 머리를 만지는 습관이 있다거나 앉아 있을 때 다리를 떠는 버릇이 있다면 고치도록 노력하자. 발표나 강연을 하기 위해 강당에 들어서는 순간부터 당신의 쇼는 이미 시작된 것임을 기억하자. 이때부터 청중의 시선은 당신에게 쏠리고, 당신은 그 순간에도 청중에게 메시지를 전하고 있다는 사실을 잊지 말자.

실전에서는 미처 신경 쓰지 못할 작은 습관이지만 청중의 몰입을 방해할 만한 것이 있다면 미리 찾아서 고치도록 하자. 이것은 무대에 섰을 때만 필요한 것이 아니다. 중요한 미팅이라면 상대는 당신이 문을 열고 들어가는 순간부터 당신의 행동을 관찰할지도 모른다.

나는 사소한 습관의 중요성을 체감한 적이 있다. 예전에 한 언론사 면접을 봤을 때의 일이다. 면접은 간단한 술을 겸한 식사자리까지 이어졌다. 자리를 마치고 식당을 나서며 무의식적으로 문을 열고 모든 응시자들이 다 나올 때까지 기다렸다. 마지막 사람이 나오고 나서 보폭을 맞춰 함께 이동했는데, 나중에 면접관으로부터 다른 지원자들을 챙기는 모습이 인상적이었다는 이야기를 들었다. 이때의 경험을 통해 중요한 자리에서는 작은 행동도 신경 써야 한다는 점을 배우게 되었다.

여러 사람에게 시선이 분산되는 면접자리에서도 한 사람의 작은 행동은 도드라져 보이기 마련이다. 하물며 모든 시선이 한 사람에게 집중되는 발표 자리라면 모든 행동 하나하나에 주의를 기울여야 한다. 놀이하듯이 짧은 말하기를 하면서 평소 말하는 중에 나오는 나의 무의식적인 습관이나 행동을 잘 살펴보자. 말을 잘하는 것도 중요하지만 최대한 잘 전달될 수 있도록 방해 요소를 줄여가는 것도 그에 못지않게 중요하다.

제4장

현장에서 통하는
실전 말하기 노하우

말하기의 만능 해결사,
3단 논법

주제어를 뽑아 말하기를 연습했다면 이제는 말하는 내용을 정비해보자. 나는 보통 나만의 '3단 논법'으로 말하기의 흐름을 구성한다. 간단히 '정의-현 상황-의견' 이렇게 3단계로 이야기를 만드는 것이다. '서론-본론-결론'이라는 기본적인 이야기 구성을 좀 더 구체화한 방식이라고 볼 수 있다.

물론 이야기의 서론, 본론, 결론을 구성하는 방식에 대한 생각은 각자 다를 수 있다. 또한 본론을 어떻게 세분화하느냐도 개인의 몫이다. 여기서는 말하고자 하는 내용을 논리적인 흐름으로 정리할 때 쓰는 방식을 설명하고자 한다. 이 방식은 자신이 알고 있는 것과 생각을 짧은 시간 안에 전달하기에 효율적인 방식이라 할 수 있다. 여러 가지 주제에 적용해 볼 수 있겠지만 우선 앞에서 다뤄

본 '가을'이라는 서정적인 주제어에 3단 논법을 적용해보면 다음과 같다.

"기록적인 폭염으로 힘들었던 여름이 가고 가을이 왔습니다. 보통 가을이 오면 찬 바람이 불고 기온도 떨어지기 마련입니다. 그리고 보통 8월 중하순부터 11월 초중순까지는 가을이라고 합니다. 그런데 이번은 다릅니다. 9월 중순까지 더위가 이어지더니 10월인 지금도 평년보다 기온이 높습니다. 그러다 11월부터는 기온이 낮아지고 12월부터는 급격히 추운 날씨가 이어진다고 하는데요. 가을이 짧아진 만큼 아쉬움이 더 큽니다. 그래서 독서나 등산처럼 이 계절에 할 수 있는 것을 더 많이 해보려고 합니다. 여러분도 혹시 놓치고 싶지 않은 것들이 있다면 아쉬워만 하지 마시고 충분히 즐길 방법을 고민해보시면 어떨까요?"

일반적으로 가을은 언제부터 언제까지고 날씨는 어떤지 설명한 뒤에 지금 날씨는 어떤지, 그래서 나는 무슨 생각을 하는지 언급하는 방식으로 이야기의 흐름을 잡아보았다.

이런 흐름의 말하기는 가볍게 생각이나 느낌을 나누는 자리뿐 아니라 면접처럼 더 격식을 차린 자리에서도 유용하다. 면접에서 어떤 사안에 대한 자신의 의견을 말해야 할 때도 그 사안이 무엇인지 설명하고 현재 상황은 어떠한지 언급한 뒤에 자신의 생각으로 마무리하는 내용으로 구성해볼 수 있다.

이러한 구성의 장점은 우선 자신이 질문받은 사안이 무엇인지,

현재 상황이 어떤지 안다는 것을 드러낼 수 있다는 점이다. 이는 시사상식을 갖추고 있다는 사실은 물론 사회 현안에 관심을 두고 뉴스를 챙겨본다는 점을 보여주는 방법이기도 하다. 이런 지식을 바탕으로 논리적인 결론을 끌어내며 자신의 생각에 힘을 실을 수 있다는 것 또한 장점이다.

그리고 앞에서 언급했던 짧은 스피치 연습을 수시로 하면 주어진 주제에 대해 간단하면서도 분명하게 설명할 수 있을 것이다. 면접에서 주어진 짧은 시간 안에 논리적인 흐름까지 갖춰 생각을 설명할 수 있다면 분명 높은 점수를 얻게 될 것이다.

그럼 3단 논법을 바탕으로 시사적인 사안에 대한 말하기를 해보자. 요즘 사회적으로 큰 이슈가 되고 있는 '딥페이크 범죄'에 대한 생각을 묻는 질문을 받았다고 가정해보자.

"딥페이크 범죄는 피해자의 얼굴을 합성해 허위 영상물을 만드는 것입니다. 최근 이런 방식으로 가짜 성 착취물을 만드는 경우가 있어 사회적인 논란이 되고 있습니다. 특히 텔레그램을 통해 허위 영상물이 퍼지지만 보안이 강력해 추적이 쉽지 않은 것이 문제입니다. 그러다 보니 적발이나 처벌을 두려워하지 않고 범죄를 저지르는 경우가 끊이지 않고 있습니다. 이에 따라 수사기관에서는 영상물을 제작하고 퍼뜨리는 가해자들을 추적해 적발할 수 있도록 텔레그램의 협조를 얻어야 합니다."

딥페이크 범죄가 무엇인지 설명하고, 이와 관련해 논란이 되는 문제가 무엇인지 짚어주면서 현 상황을 진단했다. 이에 따라 필요한 조치가 무엇인지 자신의 생각을 밝히는 것까지 3단 논법에 따라 정리해보았다. 여기에서는 텔레그램을 통한 범죄를 추적하기 쉽지 않은 상황을 지적하고 이에 따른 대책을 언급했는데, 또 다른 문제를 지적할 수도 있을 것이다. 현재 문제가 되는 여러 상황 가운데 다른 부분을 부각해보자. 예를 들어 피의자 가운데 상당수가 10대 청소년이라는 점을 강조해보자.

"딥페이크 범죄는 피해자의 얼굴을 합성해 허위 영상물을 만드는 것입니다. 최근 이런 방식으로 가짜 성 착취물을 만들어 사회적 논란이 되고 있습니다. 특히 최근 경찰청의 발표를 보면 올해 경찰이 검거한 딥페이크 성범죄 피의자의 80% 이상이 10대 청소년이었습니다. 전문가들은 청소년들이 딥페이크 성 착취물을 만들고 공유하는 것이 범죄라는 인식을 하지 못하는 점도 문제라고 지적합니다. 이에 따라 이들에 대한 교육을 강화할 필요가 있습니다."

'딥페이크 범죄'에 대한 두 가지 말하기 내용을 비교해보자. 같은 주제어를 다루고 있지만 결론은 전혀 다르다. 문제로 지적한 부분이 다르기 때문이다. 이와 같은 말하기 연습을 통해 주제어와 관련한 현재 상황 가운데 내가 어떤 부분을 주목해서 보느냐에 따라 결론도 달라진다는 사실을 알 수 있다. 만일 주어진 시간이 충분하거나 더 길게 생각을 말해야 하는 상황이라면 본론에서 더 다양한 관점으로 현상을 분석하고 이에 따른 대책도 여러 가지를 제시하면 된다.

이런 방식의 말하기는 발표에서도 매우 효과적이다. 예를 들어 어떤 사안에 대한 프레젠테이션을 한다면 문제를 정의하고 분석하고 대안을 제시하는 흐름으로 내용을 구성할 수 있다. 기존에 말했던 '정의-현 상황-의견'이라는 구성을 현재 어떤 상황인지, 그 배경은 무엇으로 분석되는지, 이에 따라 어떤 대책이 필요한지에 대한 설명으로 조금 변주해볼 수 있다. 예를 들어 회사의 현재 홍보 방식의 문제를 지적하고 대안을 제시해야 하는 상황이라면 지금 홍보 방식의 효과가 어떤지 보여주고, 이유가 무엇인지 분석해서 이에 따른 대책을 제시하는 방식을 생각해볼 수 있다.

남들 앞에 섰을 때 머릿속이 백지처럼 변한다면 매우 당황하지 않을 수 없다. 갑자기 어떤 현안에 대한 질문을 받았다거나 어떤 주제에 대해 말해야 하는데 아무것도 생각나지 않을 때도 마찬가지다. 그럴 때 평소에 익혀둔 방식으로 생각을 정리해보자. 현안을 정의하고, 지금 상황은 어떤지, 이에 따른 내 생각은 무엇인지 말하는 식이다. 이를 위해서는 평소에 익힌 방식대로 생각을 정리할 수 있는 시스템을 만들어두는 것이 좋다.

나는 현장에서 생각 정리 시스템의 덕택을 본 적이 많다. 아침 방송을 진행하던 어느 날 한창 서서 앵커 브리핑을 하고 있을 때였다. 10분 정도 정치권 쟁점을 짚어주고 중간중간 이와 관련한 정치인들의 인터뷰를 들어보는 방식이었다. 나는 템포가 빠른 음

악에 맞춰 속도감 있게 코너를 진행했다. 더욱이 서서 브리핑을 할 때는 자칫 실수나 돌발 상황이 생기면 수습이 어려워서 언제나 긴장 상태였다. 원고를 띄워주는 기계인 프롬프터가 멈추면 재빨리 손에 들고 있는 종이 원고를 봐야 했고, 갑자기 속보가 들어오면 원고를 볼 수도 없고 추가적인 인터넷 검색도 할 수 없어 난감했다. 그럴 때는 귀에 꽂은 인이어를 통해 들리는 PD의 설명이나 내가 평소 공부한 내용을 바탕으로 속보를 소화해야 했다.

그런데 생각지 못한 곳에서 사고가 터졌다. 브리핑 중에 원래 나가야 할 인터뷰가 아닌 그다음 인터뷰가 나가고 말았다. 이것은 그야말로 대형사고였다. 이로 인해 브리핑의 흐름이 깨져버렸다. 인터뷰가 나가는 시간은 단 몇십 초였지만, 내 머릿속에는 오만가지 생각이 쓰나미처럼 밀려들었다. 인터뷰 전까지의 내용과 직접적인 관련이 없는 인터뷰가 나간 상태에서 흐름을 바로 잡고 브리핑을 이어가야 했다. 그때 평소 연습했던 논리적 흐름에 따른 말하기가 효과를 발휘했다.

"지금 이런 내용의 발언을 들으셨는데요. 앞서 말씀드린 상황에 따라 이러이러한 문제가 불거진 가운데 이런 항의까지 나온 것입니다."

나는 이런 식으로 순발력을 발휘해 상황을 수습했다. 당황해서 더듬더듬 말을 이어가기는 했지만, 전체적인 내용은 잘 정리가 되었고 브리핑도 무사히 마무리할 수 있었다. 이것은 전적으로 평소

익혀둔 시스템 덕분이었다.

이제 당신도 언제 어디서라도 자신의 생각을 논리적인 흐름에 따라 말할 수 있는 말하기 자동 시스템을 만들어보자. 이런 노력은 갑작스러운 상황에서든 중요한 순간에서든 설사 당황을 하더라도 논리적으로 당신의 이야기를 끌고갈 수 있는 힘이 되어준다.

상대에게 깊은 인상을 주려면
짧고 핵심적으로 말하자

시청자에게 가장 최신의 소식을 전하는 속보는 생방송 뉴스의 꽃이다. 앵커에게 속보는 역량의 시험대가 되기도 한다. 급박하게 들어오는 속보를 어떻게 차분히 전달할 것인지, 갑자기 모르는 내용의 속보가 들어오면 시청자에게 어떻게 알기 쉽게 설명해 줄 것인지는 앵커에게 늘 숙제라 할 수 있다. 그래도 주요 뉴스와 관련한 속보는 긴장감이 덜한 편이다. 관련 소식을 수시로 주시해서 보면서 생방송에 들어갈 때도 혹시 속보가 들어올 때를 대비해 참고 내용을 정리해서 들어가기 때문이다. 그런 경우는 미리 공부한 내용과 준비해 둔 참고 내용을 바탕으로 속보에 살을 보태며 충분히 설명하면 된다.

하지만 전혀 예상하지 못한 속보가 들어올 때가 있는데, 이때는 비상상황과도 같다. 만약 리포트가 나가는 중에 속보가 들어온다면 몇십 초 사이에 내용을 파악하고 추가로 덧붙일 내용은 없는지 확인해야 한다. 그런데 단신을 읽는 중에 속보가 들어오면 뒤이어 바로 속보를 전해야 하는 만큼 오로지 프롬프터에 의지할 수밖에 없다.

어느 경우든 가장 힘든 순간은 주어진 정보가 충분치 않을 때다. 예를 들어 검찰이나 경찰이 어딘가를 압수수색 한다고 가정해보자. 만약 '검찰, □□ 사건 관련 ○○기업 압수수색', 이렇게 한 줄 속보가 올라오면 앵커는 어떻게 처리할까? 속보는 빨리 알린다는 말뜻 그대로 속도가 생명이다. 동시에 시청자도 바로 이해할 수 있어야 한다. 이럴 때 필요한 것은 단 한 줄이다.

"검찰이 □□ 사건과 관련해 ○○ 기업을 압수수색 했습니다. 앞서 검찰은 무슨 혐의로 누구를 조사해 왔습니다."

위의 문장은 처음 문장과 분명 차이가 있다. 검찰이 어떤 혐의로 수사를 해왔는지 보여주는 배경 설명이 그것이다. 긴박하게 들어온 한 줄의 소식이지만, 거기에 부가 설명을 덧붙임으로써 하나의 뉴스로서 완결성을 갖게 되고, 시청자는 어떤 이유로 검찰이 강제 수사에 나섰는지를 알 수 있게 된다. 추가된 한 문장으로 많은 것이 변하게 된다.

앞에서 좋은 글은 군더더기를 없앤 이해하기 쉬운 글이라고 말했는데, 말도 마찬가지다. 사람들의 이해를 돕기 위해 많은 말이 필요한 것이 아니다. 결정적인 순간에 쉬운 이해를 돕기 위해서는 압축적이면서 중요한 '한 문장'이 필요하다. 나는 이것을 '키 센텐스'라고 부른다. 경험에 의하면 단 한 줄의 문장이 갖는 힘은 강력하다.

물론 속보라고 해도 경우에 따라서는 시간을 끌어야 할 때도 있다. 비중 있는 뉴스 관련 속보여서 내용을 충분히 전달해야 하는데 기자가 연결되지 않았거나 영상이 준비되지 않았을 수도 있다. 이럴 때는 앵커가 즉석에서 내용을 보완하면서 몇 분이고 속보를 끌고 가야 한다.

그런데 이런 경우가 아니라면 주저리주저리 설명을 길게 이어가는 것이 정답은 아니다. 듣는 사람의 이해를 도울 수 있는 가장 중요한 한 문장이면 충분히 전달이 가능하다. 돌발 상황일수록 말하는 사람도 당황하기 쉬운데 그럴 때 이것저것 다 이야기하려고 하면 오히려 시청자에게 혼란을 줄 수도 있다. 내용이 뒤죽박죽 엉켜 정리되지 않고 중요한 내용이 묻혀버릴 수도 있다.

나도 방송을 진행한 지 얼마 되지 않았을 때는 생각이 달랐다. 무조건 말을 많이 해서 시청자에게 많은 사실을 알려주어야 한다고 생각했다. 그래서 속보가 들어오면 이것저것 살을 붙이느라 애쓰곤 했다. 하지만 방송 경험이 쌓이면서 속보를 이해하기 쉽게 도와주는 한 줄의 설명이 좋은 형식임을 알게 되었다. 이런 생각은 방송을 준비할 때나 속보가 들어올 때 화자인 나를 한결 편안하게 해주었다. 심적인 부담을 덜어주었는데, 결과적으로는 내용도 더 향상되었다. 이후에는 속보가 들어오면 주어진 내용을 시청자에게 잘 전달하기 위해 지금 가장 필요한 한 문장이 뭘까 고민했다. 그리고 속보를 전하기 전까지 나에게 주어진 단 몇 초의 시간 동안 그 부분을 채우기 위해 애썼다.

뉴스를 진행하던 어느 날, 갑자기 지진 속보가 들어왔다. 그런데 인공지진이었다. 그때 스튜디오 밖에서 부장의 목소리가 들렸다.

"북한 핵실험 가능성이 있습니다."

이때도 다른 어떤 설명이 필요치 않았다.

"북한 지역에서 지진이 발생했다는 소식이 들어왔습니다. 그런데 인공지진으로 관측됐습니다. 이에 따라 북한에서 핵실험을 했을 가능성이 나오고 있습니다."

이것은 그 순간 속보를 전달받고 내가 시청자들에게 전달할 수 있는 최선의 설명이었다. 물론 이때 그동안 북한의 핵실험 일지를 읊어주고 최근 북한이 어떤 식으로 핵실험 가능성을 보여왔는지 설명할 수 있었다면 좋았겠지만, 돌발 상황에서 그러기는 쉽지 않을 뿐만 아니라 시청자에게도 당장 꼭 필요한 정보는 아니다. 그 순간 시청자에게 가장 중요한 정보는 '북한에서 핵실험을 했을 가능성이 있다'는 단 한 줄의 문장이었다.

기사를 쓸 때도 '키 센텐스'의 역할은 중요하다. 구구절절 설명이 길어지면 정작 시청자가 핵심을 명확히 이해하기가 쉽지 않다.

그런 만큼 '문제는 무엇입니다'라고 확실히 보여주는 단 하나의 문장이 필요하다. 이를 통해 시청자는 기사의 의미와 배경을 이해하는 데 도움을 받을 수 있다.

중요한 발표를 할 때도 이런 순간이 있을 것이다. '발표 내용이 부족하면 어쩌지? 청중이 이해하지 못하면 어떻게 하나'라고 발표 내용에 대한 걱정도 들고, '사람들이 어려운 걸 물어보면 어떻게 하지?'라며 돌발 상황이 생길까 겁도 날 것이다. 이런 생각들이 밀려오면 발표가 더 부담스럽고, 남들 앞에 서기 싫어지기 마련이다. 이럴 때는 '키 센텐스'를 생각하자. 무조건 많은 정보를 전달해야 한다거나 설명이 길어야 한다는 부담은 버리자. 듣는 사람에게 가장 쉽고 명확하게 의미를 전달할 수 있는 단 한 줄의 문장을 떠올려보자. 내 이야기가 부족하거나 엉성하다는 생각이 든다면 이를 보강하면서 청자에게 깊게 인상을 줄 수 있는 강력한 한 문장을 만드는 데 힘쓰자. 또 돌발 질문을 받았을 때도 상대의 이해를 단번에 도와줄 수 있는 핵심적인 한 문장을 생각하자.

물론 이것은 스스로 자신의 이야기의 주제와 배경을 명확히 알고 있을 때 가능한 일이다. 나 역시 북한의 핵실험 속보가 들어왔을 때 북한에서 인공지진이 발생하면 핵실험 가능성이 있다는 사실을 알고 있던 것이 도움이 되었다.

'키 센텐스'는 그만큼 핵심이 응축된 한 줄이다. 발표를 할 때는 당신 이야기의 주제와 배경이 무엇인지 완전히 숙지하자. 그리고 당신의 발표에서 청중에게 가장 필요한 한마디가 무엇일지를 고민해보자. 열 문장의 말보다 잘 다듬어진 한 문장의 말이 더 큰 울림을 줄 수도 있다.

상대가 자연스럽게
귀 기울이도록
교감의 분위기를 조성하자

방송국에서는 제보 전화를 많이 받는다. 그중에는 중요한 제보 전화도 있지만, 뉴스에 나온 기사 내용이나 패널이 마음에 들지 않는다고 항의하거나 황당한 이야기를 하는 사람들도 많다.

한번은 다음과 같은 전화가 걸려왔다.

"냇가에 시체들이 줄지어 있는데 뉴스에 안 나와요. 혹시 모르시나 해서요."

나는 순간 '아직 알려지지 않은 살인사건이라도 났나? 피해자가 한두 명이 아니라는 거잖아?'라는 생각이 들었지만, 한편으로 좀 무섭기도 했다. 하지만 제보자의 말만으로는 어떤 것도 판단할 수가 없었다.

정확한 장소를 받아 적은 다음 그 동네 파출소로 전화를 걸었다. 아무 데도 안 나온 소식이라면 경찰서에 아직 보고가 안 됐을 수도 있으니 일단 동네에서 가장 빠르게 움직일 수 있는 파출소로 연락을 한 것이다.

"저 ○○천 주변에 시체들이 있다는 제보가 들어와서요. 혹시 신고된 게 있나요?"

"아니요, 그런 거 없는데, 그런 일 없어요."

경찰관의 목소리는 단호했다. 하지만 그대로 믿을 수는 없었다. 그 정도 사건이라면 현장이 수습될 때까지 외부에 알리지 않을 수도 있고, 또는 아직 경찰이 상황을 모를 수도 있었다. 일단 찜찜한 마음으로 전화를 끊었는데, 마음이 놓이지 않았다. 만약 아무도 모르는 엄청난 살인사건이거나 또 다른 피해자가 생긴다면 심각한 일이었다. 그래서 다시 파출소로 전화를 했다.

"혹시 순찰도 돌아보셨나요?"

"조금 전에 순찰했어요. 그런 일은 없는데…."

경찰관은 갑자기 뭔가 생각난 듯 이렇게 말했다.

"아, ○○천이라고 했죠? 거기 오늘 영화 촬영해요. 물에서 사람들 죽는 영화라고 했어요."

"네? 영화 촬영이요?"

순간 긴장이 확 풀리며 동시에 안도감이 몰려왔다. 한바탕 난리를 겪었지만, 현장을 보자마자 방송사로 전화를 준 제보자에게 감사한 마음이 들었다. 그래서 불안에 떨고 있을 제보자에게 정확한 사실을 알려주기 위해 전화를 걸었다.

"진짜 시체가 아니라 영화 촬영 중이었다고 합니다."

"다행이네요."

서로 재밌는 해프닝이라고 웃으면서 전화를 끊었다.

기자로서 내가 겪는 이러한 경험들을 통해 나는 낯선 사람들과의 대화에서도 감정을 나누는 것이 가능하다는 사실을 알게 되었다. 보통 일상에서는 낯선 사람과 대화할 일도 드물지만, 대부분 사무적인 대화를 나누는 데 그치는 경우가 많다. 우리가 모르는 사람과 대화하며 걱정이나 두려움, 기쁨, 즐거움 등의 감정을 나눌 일이 얼마나 있을까? 그런데 이런 경험들은 모르는 사람들과 마주하고 대화하며 이들과도 교감하는 게 가능하다는 것을 체감하게 해주었다.

낯선 사람과 함께 걱정하고 기뻐하고 안도하는 감정을 나누는 건 하나의 사안에 대한 공통의 관심을 바탕으로 했다. 공감대가 형성된 상대에게는 자연스럽게 경계를 허물고 그들의 말에 더 귀를 기울일 수 있었다.

인터뷰를 할 때도 이러한 경험을 떠올리며 상대와 교감하기 위해 노력했다. 인터뷰하는 상대와 나는 공통의 관심사가 있는 만큼 교감을 통해 공감대를 확장하고 더 깊이 있게 만들 수 있을 거라고 생각했다. 어떻게 하면 인터뷰이와 교감할 수 있을까? 라는 고민 끝에 내린 결론은 잘 듣고 잘 반응해 주는 것이었다.

예를 들면 인터뷰이의 이야기를 들으면서 중간중간에 "아, 그렇군요" "그러셨군요" 등과 같은 맞장구를 쳐주는 것이다. 상대방의 이야기에 귀를 기울이고 있다고 표현해주는 이러한 한마디는 사람을 더 편안하게 해주는 역할을 한다. 또한 편안한 분위기는 더 많은 대화로 이어지기 마련이다. 여기서 한발 더 나아가 상대의 말을 정리하며 다시 한 번 의미를 묻기도 한다. 상대방의 이야기를 쉬운 말로 정리하며 이게 맞느냐고 물어보는 식이다.

"이런 말씀이시군요?"

생방송 인터뷰에서 종종 이렇게 출연자의 말을 정리하곤 하는데 이것은 시청자를 위한 것이기도 하고, 동시에 나와 인터뷰 상대 모두를 위한 것이기도 하다. 시청자 입장에서는 출연자의 정리가 덜 된, 또는 어려운 말을 앵커의 쉬운 설명을 통해 이해할 수 있다. 또 앵커 입장에서는 지금 내가 이해한 것이 맞는지 확인하며 인터뷰가 제대로 진행되고 있는지 확인할 수 있다. 또한 출연자에게 '당신의 말을 귀 기울여 듣고 제대로 이해하고 있다'는 신뢰를 심어줄 수도 있다. 출연자는 이를 통해 자기 말에 부연 설명할 기회를 얻기도 한다. 실제로 대부분의 출연자들은 앵커가 본인의 말을 간단히 요약해 의미가 맞는지 물어보면 앞선 답변에서 부족했던 부분을 보완해 더 깊이 있는 답을 내놓곤 한다.

하지만 때로는 나도 이러한 사실을 망각해 낭패를 볼 때도 있다. 한번은 경찰 관계자를 생방송에서 인터뷰한 적이 있다. 당시 불거진 경찰의 부실 대응 논란에 대한 입장을 듣기 위한 자리였다. 출연자는 현장 경찰들이 당시 얼마나 열악한 상황에 놓여 있었는지, 왜 그렇게 대응할 수밖에 없었는지 설명할 기회를 얻고자 인터뷰에 응한 것이었다. 그런데 나는 그와 같은 경찰의 입장에 동의하지 않고, 경찰의 대응이 잘못됐다는 내 개인적인 생각을 깔고 인터뷰를 진행하고 있었다. 그러다 보니 출연자의 말을 끊거나 계속 반박하기에 바빴다. 결국 그날 인터뷰에 대해서는 '앵커가 위압적으로 느껴졌다'라거나 '답을 정해놓고 인터뷰하는 것 같다'는 등의 부정적인 평가가 이어졌다. "그러셨군요"라며 상대의 이야기를 궁금해하고 교감하며 공감대를 넓혀가려는 자세를 망각한 결과였다.

해외에서 진행된 국제회의를 취재했을 때도 비슷한 경험이 있다. 세계 각국 장관들이 참석하는 회의가 잇따라 열리는 가운데 우리나라 장관을 급하게 인터뷰해야 했다. 시간이 워낙 촉박한데 비해 해야 할 질문이 매우 많았다. 결과적으로 정해진 시간 내에 처음 계획했던 질문에 더해 추가 질문까지 하면서 의미 있는 답변들을 들을 수 있었다.

그런데 나중에 녹화된 영상을 보고 스스로 놀랐다. 나의 격앙된 목소리는 답을 재촉하는 것처럼 보였고, 듣기에 따라서는 공격적으로 느껴질 수 있었다. 시간이 촉박해 빨리 질문을 소화해야 한다는 압박감 때문이었지만 대화 상대와 교감하며 의미를 정리하고 이해하려는 노력이 보이지 않았다. 이런 식의 질문은 상대를 불편하게 만들고 결국 대화를 방해할 수 있다.

대화를 할 때 상대와 교감하는 것이 중요하지만, 지나치게 감정적인 태도 역시 조심해야 한다. 예를 들어 방송 인터뷰라면 상대의 입장에 너무 몰입하면 한쪽 편만 든다는 인상을 줄 수도 있다. 출연자의 안타까운 사연에 자칫 울음이라도 터뜨리면 인터뷰의 본질은 사라지고 시청자들에게는 눈물만 기억에 남거나 몰입을 방해할 수도 있다. 반대로 냉랭한 출연자의 반응에 안절부절못하거나 싸울 듯이 대립하는 것도 조심해야 한다. 그런 만큼 공감대를 형성하고 감정을 교류하면서도 적절히 거리를 두는 요령도 필요하다.

중요한 발표나 강연을 위해 사람들 앞에 설 때는 당신 앞에 있는 수많은 낯선 이들과 교감하는 자리라고 생각하자. 이미 그 자리에 온 사람들은 당신이 전하고자 하는 주제에 관심을 가진 이들일 것이다. 당신 이야기의 흐름에 따라 청중의 감정 변화도 느껴질 것이다. 청중의 질문에는 "이런 말씀이시군요?"라고 호응하며 대화를 이끌어가보자.

정해진 시간 안에 실수 없이 발표를 마치는 데에만 집중하면 말이 빨라지고 격앙될 수 있다. 발표를 하면서 청중의 표정이나 반응을 살피며 마음의 여유를 갖도록 노력하자. 또는 너무 자신의 감정에만 취하거나 상대의 감정이나 반응에 동요하지는 않는지 스스로를 점검해보자.

청중과 교감하는 발표나 강의는 분명 청중을 향한 당신의 말에 힘을 실어줄 것이다. 원고만 다급하게 읽으며 억지로 청중을 설득하려 하지 말고, 교감을 통해 청중이 자연스레 당신의 말에 귀 기울이도록 분위기를 만들어보자.

원활한 대화를 위해서는
유연한 태도로 대응하자

앞에서 대화를 할 때 상대와의 교감이 중요하다고 말했다. 그런데 질문에 대한 상대의 답변이 부족하거나 예상치 못한 대답이 나왔을 때, 대화를 끌고나가는 입장에 있는 사람은 이야기가 산만해지지 않고 정해진 주제 안에서 변주될 수 있도록 대화의 흐름을 잡아나가는 것이 중요하다. 그럴 때는 이렇게 대화의 흐름을 잡아나갈 수 있다.

"아, 그러셨군요. 그런데 이런 문제에 대해서는 어떻게 생각하시나요?"

생방송 인터뷰를 할 때 앵커의 원고는 거의 시험기간 연습장처럼 글씨와 기호가 빼곡하다. 작가와 상의해 정리한 원고에는 수많은 메모는 물론 여기저기 동그라미와 화살표가 가득하다. 인터뷰

를 하는 도중에도 출연자의 답변을 들으며 키워드를 적고 순서를
조정하느라 원고에는 볼펜 자국이 늘어간다.

출연자의 말을 듣다 보면 순서상 한참 뒤에 나올 이야기가 처음
부터 언급되기도 하고, 막상 이번 질문에서 언급될 거라 예상했던
내용이 빠지는 경우도 있다. 이럴 때는 원고에 화살표를 긋고 메모
하기에 바쁘다. 출연자 답변에 따라 순서를 바꿔 뒤에 나온 내용부
터 자연스럽게 질문을 이어가거나 앞선 질문을 통해 듣지 못한 내
용을 추가로 묻기도 한다. 인터뷰를 하면서도 이렇게 계속 흐름을
잡아나가는 이유는 이야기가 다루고자 하는 주제에서 벗어나는
것을 막기 위해서다.

일상의 대화에서도 이런 경우를 종종 볼 수 있다. 친구들과 만
나 이런저런 이야기를 나눌 때 누군가 중간중간 주제를 환기하는
역할을 하곤 한다. 무언가 말을 시작하려고 하는데 다른 친구가 끼
어들거나 이야기가 다른 곳으로 새면서 기회를 놓친 친구가 있으
면 그에게 "그래서 어떻게 됐다고?"라고 물으며 대화의 흐름을 잡
아가는 사람이 있을 것이다.

회의와 같은 공적인 대화의 공간에서는 이런 역할이 더욱 중요
하다. 어떤 문제에 대한 답을 얻기 위해 목소리를 더해가야 하는
만큼 이야기가 엉뚱한 길로 벗어나지 않도록 신경 써야 한다. 공적
인 대화의 처음 목적이 무엇이었는지 끊임없이 상기하며 대화를
진행해야 한다. 특히 직장 내에서의 업무 관련 발표라면 주제에서

벗어나지 않도록 사전에 철저히 준비를 해야 한다.

하지만 정해진 원고를 그대로 보고 읽는 것이 아니라면 자신도 모르는 사이에 헤매게 되는 경우가 생길 수 있다. 또 질문을 받는 등 청중과 소통하는 과정에서 이런저런 생각으로 머릿속이 복잡해지며 길을 잃을 수도 있다. 이런 자리에는 '음' 소리를 낼 때마다 '땡땡' 종을 쳐주며 잘못된 점을 환기시켜주던 스피치클럽 멤버들도 없다. 그래서 불필요한 이야기라고 판단되면 과감히 쳐내면서 주제를 향해 나아갈 수 있도록 집중해야 한다.

그런데 때로는 대화의 흐름에 자신을 맡겨야 할 때도 있다. 한번은 태풍이 연달아 한반도를 찾아올 거라는 예보에 피해가 우려돼 관련 전문가와 인터뷰를 한 적이 있다. 이날 주제는 강풍으로 인한 피해였다. 태풍이 오면 강한 비바람으로 인해 창문이 깨질까봐 신문지를 붙이는 등 강풍에 대한 대비가 무엇보다 중요하다고 생각했다. 미리 준비한 원고도 강풍 관련 내용이 대부분이었다. 하지만 전문가의 답변은 초반부터 예상 밖의 방향으로 흘러갔다.

"강풍이 우려되는데 우리나라에 진입할 때도 이 정도 위력을 유지할까요?"

"네, 이번 태풍은 바람도 조심해야 하지만 비로 인한 피해도 대비해야 합니다."

나는 강풍으로 인한 피해를 물어봤는데 전문가는 비 피해를 강조하고 있었다. 그러자 나는 습관적으로 원래 준비했던 이야기의 흐름에 맞춰가려고 시도했다. 바람의 세기는 어느 정도로 예상하는지 물어보며 원래 계획대로 인터뷰 방향을 유지하려고 애썼다. 중간에 예상 강수량에 대한 질문을 끼워넣기는 했지만 더 깊이 나아가지 않고 다시 준비했던 질문으로 돌아가며 강풍 피해에 대한 인터뷰로 끝을 맺었다.

하지만 방송이 끝나고 모니터링을 하면서 인터뷰에 대해 고민해보는 계기가 되었다. 이런 인터뷰의 경우 상대의 말이 흘러가는 대로 인터뷰를 했으면 어땠을까 라는 생각이 들었다. 억지로 내가 정해놓은 길로 이야기를 끌고 가기보다 전문가가 강조하고자 하는 대로 흐름을 맞춰갔으면 더 좋은 내용들이 나올 수 있었을지 모른다. 바람 피해는 물론 비 피해까지 걱정해야 하는 이유는 무엇인지, 예상 강수량은 어느 정도 수준인지, 그 경우 어떤 피해가 우려되는지, 피해 예상 지역은 어디인지 등 비와 관련한 더 많은 정보를 다뤘다면 시청자들에게 더 실질적인 도움이 됐을 거라고 생각했다. 그래서 이후로는 때에 따라서는 인터뷰이의 말에 흐름을 맡기는 게 더 좋은 방법이라는 생각을 하게 되었다.

이렇게 경우에 따라 내 말은 줄이고 상대의 말을 들어야 하는 자리도 있다. 취재도 보통 질문을 기반으로 하지만 취재원들과의 자리에서 잘 듣는 일이 중요할 때가 많다. 내가 방향과 결과를 정해놓고 답을 유도하는 것이 아니라면 경우에 따라서는 상대의 말 속에 생각하지 못했던 정보가 담긴 경우가 많기 때문이다.

문제의 본질을 찾지 못해 고민할 때 여러 전문가와 대화하며 핵심에 집근혜 가는 경우가 매우 많다. 취재뿐 아니라 토론도 마찬가지다. 우리는 사람들과 토론하는 과정에서 상대의 새로운 관점을 통해 생각지 못한 문제를 발견하기도 하고, 또 많이 배우게 된다.

　발표 자리에서 청중과 대화하는 경우도 마찬가지다. 이럴 때는 그들의 말이 흘러가는 대로 들으며 마치 낚시를 하듯이 새로운 영감을 낚아올릴 준비를 하면 된다. 우리는 새로운 관점을 통해 시야를 넓히고 지식을 얻을 수 있기 때문이다.

　대화에 정답은 없다. 어떤 경우에는 내가 생각한 이야기의 답을 얻어야 할 때도 있고, 어떤 경우에는 흘러가는 대로 놔두는 편이 나을 수도 있다. 특히 공적인 자리에서 대화가 자꾸 샛길로 빠지려고 한다면 주제를 환기하고 이야기의 흐름을 잡아가는 노련함도 필요하다. 하지만 모든 대화를 내가 생각하는 방향대로 끌고 가려다 보면 중요한 것을 놓칠 수 있다. 상대의 말 속에서 더 중요한 것들을 찾을 수도 있기 때문이다. 이럴 때는 내가 주도해야 한다는 생각을 버리고 상대방의 말을 잘 들을 줄도 알아야 한다.

솔직함은
말의 신뢰를 더한다

생방송 뉴스를 진행하다 보면 돌발 상황은 늘 있는 일이다. 한번은 고속도로에서 버스 사고가 났는데, PD가 "앵커가 현장화면 보고 상황 설명해주세요! 길게 해주세요!"라고 주문을 했다. 사고 현장에는 부상자도 있었고, 사고 현장 수습을 위해 일부 도로는 통제되고 있었다. 나는 집을 나설 시청자들을 위해 실시간으로 들어오는 고속도로 CCTV 영상을 보면서 사고 난 차들의 상태는 어떤지, 부상자를 옮기는지, 몇 개 차로를 통제하는지, 차는 밀리지 않는지 등 열심히 설명을 이어갔다.

"지금 고속도로 한쪽에 사고 난 버스들이 세워져 있습니다. 경찰차와 구급차가 세워져 있는데요. 일부 승객들은 통증을 호소해 병원으로 이송됐습니다. 오늘 아침 고속도로에서 버스 추돌 사고가 났습니다. 이에 따라 일부 차로를 통제하고⋯."

말을 이어가던 중에 사고 현장 옆의 다른 차로로 뒤에 밀려 있던 차들이 움직이는 모습이 눈에 띄었다.

"네, 말씀드리는 중에 뒤에 서 있던 차들이 사고 구간을 지나는 게 보이는데요. 일부 차로의 통행 제한이 해제된 걸로 보입니다."

이렇게 수 분에 걸쳐 버스 사고 현장을 생중계하고 방송을 마쳤다. 나는 중요한 현장 상황을 충분히 잘 전달했다고 생각했다. 그런데 얼마 지나지 않아서 내가 한 멘트 중에 사실과 다른 부분이 있음을 알고서 식겁했다. 사고 현장의 몇 개 차로는 계속 통제 중이었고, 차들은 나머지 차로로 힘겹게 현장을 빠져나가고 있었다. 상황은 변한 게 없는데 내가 착각하고 마치 교통 통제가 풀려가는 것처럼 설명한 것이었다. 자칫 내 멘트를 듣고 '통제가 풀려가나 보다'라고 생각해 이 구간을 지나려는 시청자가 있지는 않을지 걱정되었다. 또한 도로 통제가 계속되는 가운데 차량이 더 몰리면 교통 체증이 심해질 수도 있었다. "발 없는 말이 천리를 간다"는 속담이 있듯이, 말의 영향력을 생각해 알지 못하면서 함부로 떠들지 말자고 깊이 깨달은 계기가 되었다.

이런 실수를 한 뒤 처음 뉴스를 진행했던 때가 생각났다. 정식 앵커로 발령 난 지 얼마 되지 않았을 때의 일이다. 서서 오프닝을 하고 뉴스를 진행했는데, 오프닝을 하려고 스탠바이 중일 때 PD의 다급한 목소리가 들려왔다.

"속보 들어옵니다."

국제유가에 대한 소식이었다. 그런데 서부텍사스산 원유가 1배 럴에 얼마라는 짧은 내용이 전부였다. 뭔가 내용을 덧붙이고 싶었 다. 하지만 몇 초 후 조명이 켜지고 온에어 불빛이 들어왔다. 그 가 격이 의미하는 바가 무엇인지 찾아보고 싶었지만 그럴 시간적 여 유가 전혀 없었다. 방송이 끝나고 답답한 마음에 선배에게 심정을 토로했다.

"속보가 어떤 의미가 있는 건지 말하고 싶은데 곧 방송은 시작 되지, 저는 서서 스탠바이하고 있으니 검색도 할 수 없지, 정말 너 무 갑갑하더라고요."

그때 선배가 매우 중요한 이야기를 해주었다.

"그럴 때는 주어진 내용을 잘 전달해주는 것이 최선이야."

명확하지 않은 내용을 덧붙였다가 사실과 다르면 사고로 이어 질 수 있다는 충고였다. 한 마디로 "잘 모르는 것을 섣불리 언급하 지 말라"는 조언이었다. 때로는 단 한 줄의 추가 설명이 나의 멘트 를 완전하게 만들어 주지만, 때로는 한 줄의 설명이 뉴스의 신뢰를 떨어뜨릴 수도 있다는 사실을 배웠다. 물론 자신이 내용의 진위를 확실히 알고 있다면 한 줄의 설명은 충분히 가치가 있다. 하지만 절대로 잘 모르는 내용을 더해서는 안 된다. 그날 이후로 이 가르 침을 항상 기억하려고 애썼다. 그런데 몇 년이 지나고 나서 그 원 칙을 잊어버린 채 잘못하면 심각한 상황을 초래할 수 있는 실수를 하고 있었던 것이다.

　잘 모르지만 어떻게든 한 마디를 더하고 싶을 때가 있다. 기자들도 순간 그런 충동에 빠질 때가 있다. 갑자기 큰 사고가 터진 현장에 출동해서 곧바로 전화든 생중계든 연결하는 순간이다. 그럴 때는 정해진 원고대로 가지 않고 즉석에서 앵커와 대화를 이어가며 최대한 길게 현장 상황을 보여주는 경우가 많다. 그러다 보면 아직 파악하지 못한 내용에 대한 질문을 받기도 하는데 그럴 때는 잘 모르는 내용은 절대 언급하지 말아야 한다. 만약 잘 모르는 부분에 대한 질문을 받으면 "그 부분은 아직 취재가 되지 않았습니다" 또는 "그 내용은 추가로 알아보고 전해드리겠습니다"라고 답하는 것이 보통이다.

　한번은 낮 뉴스를 진행할 때 대형 크레인이 쓰러지는 사고가 났다. 이때도 곧바로 현장을 연결했다. 경찰이나 소방당국도 아직 상황을 모두 파악한 상태는 아니었다. 그래서 기자도 어떤 질문에 대해서는 정확한 답변을 할 수가 없었다. 그런데 나는 앵커로서 질문을 하지 않을 수 없는 상황이었다. 시청자가 궁금해할 만한 상황이라면 일단 질문하는 것이 앵커의 역할이기 때문이다. 나는 이렇게 질문을 던졌다.

　"혹시 지금 지인들 중에 부상자가 있는 건 아닌지 걱정하시는 분들도 계실 텐데요. 부상자들이 어느 병원으로 이송됐는지도 파악됐습니까?"

취재기자는 당황했을 법도 한데 다음과 같이 답하며 자연스럽게 질문을 받아넘겼다.

"네, 시청자 여러분도 이런 부분이 궁금하실 텐데요. 일단 부상자들을 이송하고 현장을 수습하는 게 우선인 만큼 이 부분까지는 아직 전달되지 않고 있습니다. 이 내용은 다음 연결 때 확인해 전해드리도록 하겠습니다."

이렇게 어떤 부분이 왜 중요한지 짚어주면서도 내용이 정확하지 않다면 답하지 않는 것이 올바른 대처법이다.

중요한 발표의 순간, 열심히 준비했지만 예상치 못한 돌발 질문에 당황하는 순간이 있을 것이다. 자신이 아는 내용을 머릿속으로 전부 정리해 봐도 답이 떠오르지 않을 수도 있다. 이럴 때는 욕심을 내지 말고 솔직해져야 한다. 단, 자신도 이 질문이 어떤 측면에서 중요하고 어떤 의미가 있는지 이해하고 있다는 점을 언급하며 이렇게 말해보자.

"지금 질문하신 내용은 어떤 측면에서 중요한 의미가 있다고 생각합니다. 다만 이번 발표는 어떤 측면을 강조하다 보니 그 부분에 대한 정확한 분석이나 수치는 준비되지 않았습니다."

방송 뉴스라면 앵커의 돌발 질문에 대한 답변이 아직 준비되지 않은 경우 다음 뉴스 시간에 보완해 전해드리겠다고 하기도 한다. 만약 발표 중에 이런 상황을 맞닥뜨렸다면 다음과 같이 대처하는 것도 한 방법일 것이다.

"지금 질문 주신 내용은 쉬는 시간에 내용을 보완해 답변드리도록 하겠습니다." 또는 "발표를 마친 뒤 질문 주신 부분을 분석해 서면이나 이메일로 답변드리겠습니다"라고 답하는 것이다.

이렇게 정확한 사실관계를 파악해 답하겠다는 약속을 하고 지키는 편이 현장에서 임기응변으로 상황을 모면하려다 정확하지 않은 답변으로 상황을 더 안 좋게 만드는 것보다 훨씬 바람직하다. 모르는 것은 모른다고 하자. 때로는 솔직한 것이 섣부른 것보다 낫다는 점을 기억하자.

질문이 능력인
시대가 온다

외교·통일·안보 분야를 담당하던 어느 날, 이른 아침부터 다급하게 전문가에게 전화를 걸었다. 그리고 전문가에게 이렇게 물었다. "이 사안에 대해 어떻게 보세요?"

그날 새벽 북한의 돌발적인 움직임에 대해 그 의미를 해석하고 국제 정세에 미칠 영향을 전망하는 데 도움을 구하기 위해서 한 질문이었다. 그런데 예상 밖의 답변이 돌아왔다.

"어떻게 보냐고 물으시니, 질문이 너무 포괄적인데요?"

답변을 듣고 생각해보니 대체 뭘 물어보는지 알 수 없는 질문이었다. 전문가에게는 알아서 뭐든 말해달라는 식으로 들렸을 것이다. 수많은 사람을 만나 취재를 하고 인터뷰를 진행하는 사람으로서 솔직히 창피한 생각이 들었다. 그래서 그날 이후로 질문을 할 때는 사안을 충분히 공부하고 핵심적인 내용을 우선적으로 뽑아 물어보기 위해 열심히 준비를 했다.

그런데 이런 경험은 앵커를 할 때도 있었다. 미리 준비된 전문가 인터뷰 질문지를 보면 "이런 일이 벌어졌습니다. 어떻게 생각하세요?"라는 질문으로 시작하는 경우가 종종 있었다. 나는 이런 질문을 그다지 좋아하지 않았다. 앵커로서 사안을 분석하고 중요한 내용을 선별해 대화를 끌어가야 한다고 생각했는데 이 질문은 그런 역할과는 거리가 멀어 보였다. 대화의 시작부터 전문가에게 모든 걸 맡겨버리는 것 같았기 때문이다. 마치 "알아서 다 얘기해주세요"라고 요청하는 느낌이었다. 그래서 가급적 첫 질문에서는 내가 가장 중요하다고 생각한 부분을 짚으려고 애썼다. 바로 본론으로 들어가는 방식이었다고 할 수 있다.

하지만 얼마 지나지 않아 이 방식이 정답은 아니라는 생각이 들었다. 텔레비전 인터뷰를 보는 시청자들은 부담 없이 이런저런 이야기를 듣고 싶어 하는 경우가 많다. 그래서 전체적인 내용을 종합해줄 필요도 있다. 그런데 처음부터 하나의 사안에 대해 깊이 파고들다 보면 시청자 입장에서는 다소 어렵게 느껴지거나 흥미롭지 않을 수도 있다. 이야기의 범위가 처음부터 너무 좁아질 수도 있는 것이다. 그리고 앵커가 첫 질문으로 선정한 주제가 늘 정답은 아닐 수도 있다. 그러다 보니 때에 따라 포괄적인 질문으로 인터뷰를 시작하는 게 나쁘지만은 않았다.

출연한 전문가가 전체적인 사안에 대해 설명하고 나면 그 안에서 하나하나 갈래를 타며 질문을 이어갈 수도 있었다. 그런 경우 앵커 입장에서는 여러 방향으로 이야기를 발전시켜 나가기가 수월했다. 또한 출연자의 말 속에서 생각하지 못했던 관점을 발견하기도 했다. 시청자도 더 다양한 주제를 부담 없이 들을 수 있다는 장점이 있었다.

하지만 그렇더라도 인터뷰는 결국 구체적인 질문으로 흘러갈 수밖에 없었다. 인터뷰 내내 "어떻게 생각하세요?"라며 두루뭉술하고 포괄적인 질문만 해서는 중요한 방향으로 이야기를 끌고 갈 수 없을뿐더러 제목으로 뽑을 만한 인상적인 멘트가 나오기도 어려웠다. 이런 식으로 인터뷰가 진행되는 날은 이야기가 겉돈다는 느낌이 들고 '아까운 방송 시간에 이런 인터뷰를 군이 왜 하고 있지?'라는 생각이 들기도 했다.

그리고 "이 사안에 대해 어떻게 생각하세요?"라는 질문에 정돈된 답변을 할 수 있는 사람은 방송에 자주 출연해 인터뷰에 능숙한 전문가들뿐이었다. 그렇지 않은 경우에는 상대가 '대체 뭘 물어보는 거지'라는 식의 반응을 보이며 당황해했다. 이러한 여러 이유로 결국 돌고 돌아 구체적이고 핵심적인 질문을 하기 위한 고민을 할 수밖에 없었다.

'무엇을 어떻게 물어볼 것인가.' 기자가 된 이후 늘 하는 고민이다. 입사한 지 얼마 되지 않았을 때 검찰의 압수수색 현장에 급하게 취재를 간 적이 있다. 압수물이 담긴 상자를 들고나오는 수사관들에게 마이크를 들이댈 생각을 하니 긴장되고 스스로 부담스러웠다. 뭘 물어봐야 할지 몰랐기 때문이다. 물론 기자들이 어떤 질문을 해도 수사관들은 결코 입을 열지 않는다.

기사에서 '취재진이 어떤 질문을 했지만 답하지 않았다'는 표현은 그런 상황에서 등장한다. 아마 뉴스에서 상대는 대응하지 않는데 기자들이 옆에서 열심히 질문하는 모습을 보았을 것이다. 마치 기자들은 답변을 기대하지 않고 허공에 대고 외치는 것처럼 보이기도 할 것이다. 하지만 질문을 잘 들어보면 이슈와 관련해 가장 쟁점이 되고, 사람들이 궁금해할 만한 것들을 물어보고 있다는 점을 알 수 있다. 이 질문에 상대가 답을 한다면 그것이 뉴스고, 답을 하지 않는다면 그 또한 뉴스가 되는 것이다. 그러니 답을 들을 수 없는 상황에서도 어떤 질문을 할 것인가는 늘 중요한 과제였다. 언제나 사안의 핵심 쟁점이 뭔지 파악하는 것이 중요했다.

정치부에 있을 때도 매일 매 순간 질문에 대한 생각을 할 수밖에 없었다. 주요 정치인들을 만나 그들의 한마디를 듣기 위해 기다리고 또 기다리는 일은 당시 나의 중요한 일과 중 하나였다. 늦은 저녁까지 당 대표실 앞을 지키고 있다가 대표가 문을 열고 나오는 순간부터 건물 밖으로 나갈 때까지, 그 몇 분 사이에 정치권의 중요 쟁점에 관한 질문을 쏟아내곤 했다. 당 대표의 말 한마디가 중요한 기사가 될 수도 있기에 온 정신을 집중해 질의응답을 주고받았다. 특히 대선 취재를 할 때는 후보들의 말 한마디가 그날 뉴스의 헤드라인, 톱기사가 될 수도 있었다. 그런 만큼 짧은 시간에 압축적으로 핵심을 찌르기 위한 하나의 질문을 위해 고민하고 또 고민했다.

또 인터뷰나 취재를 하다보면 어떤 질문에도 답을 피하는 경우가 있다. 이런 상대에게는 결국 같은 질문이지만 표현을 이리저리 바꿔가며 반복해서 물어볼 수밖에 없다. 이럴 때는 질문을 어떻게 바꾸면 실마리가 되는 말을 들을 수 있을지 물어보면서도 궁리하느라 바쁘다.

그러다 보니 가끔은 질문에 대한 욕심이 나기도 했다. 브리핑 현장에서 가장 먼저 정곡을 찌르는 질문을 하고 싶다는 생각을 할 때가 있었다. 물론 내 의도대로 남들이 미처 생각하지 못했거나 의미 있는 답을 끌어낼 만한 질문을 한 경우도 있었지만, 그렇지 않은 경우도 있었다. 너무 지엽적이거나, 핵심에서 빗나간 질문을 할 때도 있었다. 그래서 무조건 빨리 많이 물어보는 것이 좋은 것만은 아니다.

이러한 질문에 대한 수많은 경험과 고민을 통해 내가 느낀 한 가지는 '잘 알아야 질문도 잘할 수 있다'는 점이다. 질문을 겁내서도 안 되지만, 의욕만 앞서서는 자칫 다른 사람의 중요한 시간을 뺏는 꼴만 될 수도 있다. 그러니 질문을 하기 전에 내용을 이해하기 위한 노력을 먼저 하자. 또한 적절한 대상에게 알맞은 질문을 하는 것도 중요하다. 기자들도 경찰에게 할 질문과 소방관에게 할 질문은 다르다. 새로운 출입처에 가면 가장 먼저 누가 어떤 업무를 담당하는지 파악하는 것도 바로 그런 이유 때문이다. 취재 내용에 따라 연락해야 할 사람이 달라지기 때문이다.

질문에 대한 끊임없는 고민은 기사를 쓰는 데도 도움을 준다. 하나의 사안을 여러 측면에서 살피며 계속 궁금증을 갖던 버릇은 글을 쓸 때도 더 다양하고 분석적인 시각을 갖는 데 도움을 주었다. 핵심 쟁점이 뭔지 고민하던 습관은 취재를 하고 기사를 쓸 때도 주제를 선명하게 하는 데 도움이 되었다.

그런데 이러한 질문이 이제는 기자나 앵커처럼 기사를 쓰고 말을 하는 사람 이외에도 우리 모두에게 중요한 도구가 되었다. AI는 갈수록 우리 삶의 일부가 되고 있다. 또한 갈수록 AIQ(인공지능 활용능력)가 인재의 중요한 기준이 되어가고 있다. 챗 GPT는 구체적으로 물어볼수록 더 정확한 결과물을 내놓는다. '이런 사안에 대해 어떻게 생각해?'라는 포괄적인 질문보다는 '이런 사안이 있는데 이런저런 의견이 있어. 각각의 의견은 어떤 근거를 갖고 있어?'라거나 '최근에 이런 사안을 촉발한 배경은 뭐야?'라는 등 여러 조건을 더 붙여야 구체적인 답변을 얻을 수 있다. 이때도 자신이 알고자 하는 바가 무엇인지 정확히 알아야 구체적인 질문을 할 수 있다.

이뿐만이 아니다. 우리는 회사 업무를 하면서도 팀원들과 지속적으로 질문과 답변을 주고받는다. 누군가의 발표를 들은 뒤에는 궁금한 것을 물어보며 정보를 축적한다. 리서치를 하거나 토론을 하면서, 때로는 회사 입사시험의 면접관으로서 질문을 던진다. 이럴 때 지금까지 언급한 몇 가지 원칙을 떠올려보자. 포괄적으로 묻지 말 것, 질문하기 전에 내용의 핵심 주제가 무엇인지 파악할 것, 이를 바탕으로 자신이 궁금한 점이 무엇인지 명확히 정리할 것, 적절한 상대에게 알맞은 질문을 할 것 등이 그것이다.

　이러한 노력은 결국 하나의 사안을 더 세세히, 다양한 시각으로 볼 수 있게 해줄 것이다. 그리고 결국 당신의 글쓰기와 말하기 능력을 키우는 데에도 좋은 자양분이 되어줄 것이다.

콜포비아를 해결해주는
메모의 힘

우리 생활 속에서 SNS가 떼려야 뗄 수 없는 관계가 되면서 새로운 현상이 생겨났다. 바로 콜포비아, 즉 전화공포증이다. 서로 문자 소통을 주로 하다 보니 전화 통화를 부담스러워하거나 겁내는 경우를 말한다.

사실 나도 전화 통화를 부담스러워하는 편이다. 정확히는 전화 벨이 울리는 것을 반기지 않는다. 가끔은 전화기 진동이 울리면 심장이 벌렁거리는 느낌을 받기도 한다. 이런 증상은 기자가 된 이후 생기기 시작했다.

수습기자 시절, 전화 보고 시간은 마치 생명과도 같았다. 만약 선배가 10분에 전화하라고 말하면 9분 50초도 아니고 10분 10초도 아닌, 정확히 10분에 전화를 해야 했다. 혹시라도 전화를 받지 않으면 그것도 큰일이었다. 방송 시간을 정확히 지키고 큰 사건이 터졌을 때 연락이 안 되는 경우를 막기 위해 수습기자 시절부터 훈련을 하는 것이었다. 그러다 보니 하루에 2시간 정도밖에 자지 못하던 수습기자 시절에는 혹시라도 알람을 못 들을까 봐 귓가나 가슴 위, 심지어 정말 불안한 날에는 이마 위에 휴대전화를 두고 자는 버릇이 생길 정도였다.

그런데 이런 시기를 지나고도 전화벨 소리는 반갑지 않았다. 보통은 갑작스럽게 현장 취재를 가야 한다거나 기사로 지적을 받는다거나 하는 경우가 대부분이었기 때문이다. 또한 회사에서 내근을 하거나 야간 당직을 하는 날에는 전화와 씨름을 하는 기분이 들 때도 있었다. 쉼 없이 울리는 제보전화를 받는 것도 중요한 업무 가운데 하나였는데, 얼굴도 모르는 낯선 사람과 통화하는 것이 결코 쉽지 않았다. 물론 의미 있는 제보전화를 하거나 방송이나 사회 현상에 대한 의견을 전하는 시청자들도 있었지만, 무작정 소리를 지르며 사회 불만을 쏟아내거나 술에 취해 넋두리를 하는 경우도 많았기 때문이다. 그러다 보니 전화벨이 울리면 무조건 긴장이 되었다.

그런데 전화가 두려워지는 데 결정적인 영향을 미친 계기는 바로 취재 과정 때문이었다. 취재원과 전화 통화를 한다는 것은 내가 뭔가 알아낼 것이 있을 때였다. 가끔은 마치 백지를 한 줄 한 줄 채워나가는 과정과도 같았다. '무슨 말을 할 것인가, 무엇을 어떻게 질문할 것인가, 만약 답을 제대로 하지 않으면 어떻게 할 것인가.' 언제나 이런 부담이 머릿속을 가득 채웠다.

상대가 전화를 끊지 않도록 충분한 시간을 가지면서 내가 궁금한 것들을 다 물어보고 의미 있는 답을 들어야 한다는 생각이 전화 통화를 부담스럽게 했다. 전화 취재를 마치고 선배에게 보고하면 "이건 물어봤어? 뭐래?"라는 질문에 "다시 알아보겠습니다"라고 답하며 미처 물어보지 않은 내용을 추가 취재한 적도 한두 번이 아니었다.

또 전화 통화가 주는 제약도 문제였다. 직접 얼굴을 맞대고 이야기하는 것과 달리 전화 통화는 상대와의 의사소통에 한계가 있었다. 만약 앞에 있는 사람과 대화한다면 표정과 손짓 등 여러 가지 방식으로 대화를 보완할 수 있다. 그런데 전화는 오로지 목소리만으로 모든 의사소통을 해야 하기에 잠깐의 침묵도 매우 긴 시간처럼 느껴졌다. 그래서 전화통화는 얼굴을 보며 하는 대화보다 더 어렵게 느껴질 수밖에 없었다.

나는 이런 한계와 부담을 어떻게 하면 극복할 수 있을지 고민했다. 내가 하는 일을 위해서는 반드시 넘어야 할 산이었기 때문이다. 충분히 준비하고 통화를 하더라도 대화를 나누다 보면 흐름을 놓칠 수도 있었고, 중요한 질문을 까먹을 위험도 있었다. 그래서 생각한 것이 메모였다. 인사말부터 전화한 목적, 중요한 순서대로 물어볼 것들을 정리하고, 예상 답변에 따라 추가 질문을 적어두기도 했다. 또 똑같은 질문을 여러 버전으로 준비하기도 했다. 상대가 답변을 회피하는 경우를 대비한 전략이었다. 그리고 반드시 물어봐야 하는 질문에는 별표를 해두었다. 대화 중에 엉뚱한 얘기가 길어지거나 상대가 급하게 전화를 끊으려고 하면 가장 중요한 질문을 재빨리 던져 한마디라도 더 듣기 위해서였다.

요즘은 특별히 펜과 노트가 필요하거나 노트북을 펼 필요도 없다. 무선 이어폰으로 통화하면서 스마트폰 메모장에 적어둔 질문을 참고하며 대화하면 되니 번거로울 일도 없다. 이렇게 준비를 하고 전화 취재를 하면 상당히 효율적이다. 중요한 내용부터 물어볼수 있고, 이야기가 장황해지거나 다른 길로 샐 위험도 적다. 꼭 필요한 답변을 듣는 데도 효과적이다. 또한 중요한 내용을 깜빡하고 묻지 않아 다시 전화하는 일도 줄일 수 있다.

정치부 기자 시절에도 이러한 방법으로 일하는 데 도움을 얻었다. 정치부 기자 시절에는 기다리는 일이 일상이었다. 정치 쟁점에 대한 국회의원들의 의견을 듣기 위해 국회의사당 복도에서 마주치길 기다리고, 전화 연결이 안 되면 회신이 오기를 기다렸다. 한번은 정치권 쟁점에 대해 유력 정치인의 입장을 들어야 했다. 하지만 어디 있는지 몰라 찾아갈 수도 없었다. 전화 통화를 시도했다. 그런데 바로 통화에 성공하기는 별 따기였다. 또 길게 대화를 나누는 일도 결코 쉽지 않은 인물이었다. 그래서 만약 통화에 성공하면 머뭇거림 없이 적확한 질문을 쏟아내고 답을 들어야 했다. 노트북을 켜고 메모장에 질문을 적었다. 전화한 취지부터 마치 원고를 쓰듯 메모해 나갔다. 간단히 인사를 하고 바로 본론으로 들어가야 했기 때문이다.

'오늘 이런 사안이 있었는데 관련해 입장을 듣고 싶어 전화.' 이런 식으로 전화한 목적부터 가장 궁금한 순으로 질문을 간단히 메모해 두고 전화기를 들었다. 하지만 실패였다. 문자 메시지도 보냈지만 한참 지나도 답은 오지 않았다. 오늘은 취재가 어렵겠다고 생각하며 퇴근을 하는데 갑자기 전화벨이 울렸다. 기다렸던 회신이 온 건 다행이었지만 당황스러웠다. 나는 이미 짐을 챙겨 기자실을 나선 상태였다. 갑작스러운 전화에 질문이 생각나지 않았다. 부리나케 가방에서 노트북을 꺼내 전원을 켰다. 전화를 받고 인사를 하며 노트북 화면에 질문을 적어뒀던 메모장을 띄웠다. 그리고 준비했던 대로 전화를 건 취지를 말하고 중요한 순서대로 질문을 이어갔다. 답변이 나오지 않을 경우를 대비해 비슷한 맥락의 질문까지 준비해둔 덕분에 마치 약식 인터뷰를 하듯이 통화를 잘 마칠 수 있었다.

코로나19 이후 사람을 대면하는 일이 줄어들면서 전화가 두렵다는 사람이 많아지고 있다. 그러나 앞으로는 비대면으로 여러 업무를 처리해야 하는 경우가 더욱더 많아질 것이다. 그렇다면 자신의 일을 위해서도 전화공포증을 이겨내기 위한 노력이 필요하다. 이를 위해 전화를 걸기 전에 '내가 무슨 말을 어떻게 할 것인지'

먼저 정리해보자. 또는 처음부터 원고를 쓰는 것도 한 방법이다. '안녕하세요. 저는 누구인데요. 무슨 용무로 전화드렸습니다'와 같이 내용을 모두 적어보는 것이다.

통화를 할 때 이처럼 원고를 보며 읽으면 '무슨 말을 어떻게 해야 하나'라는 막막함도 사라질 것이다. 더욱이 내가 전화한 이유, 꼭 전해야 할 말이나 확인해야 할 내용을 잊어버릴 위험도 없다. 내가 무방비 상태고 아무 생각이 나지 않거나 생각이 정리되지 않는다는 느낌이 들 때 전화 통화는 더욱더 두려워지게 된다.

만약 전화 통화에 대한 두려움을 갖고 있다면, 휴대전화 메모장을 켜고 전화 통화를 위한 원고를 정리하는 일을 습관화해보자.

집에서 혼자서도 할 수 있는
보이스 트레이닝

가끔 유튜브로 뉴스를 보다 깜짝 놀랄 때가 있다. 내가 읽은 적이 없는 기사인데 내 목소리로 기사를 읽어주고 있기 때문이다. 바로 AI 앵커의 목소리다. 내 목소리를 모델로 해서 만든 것이다 보니 나도 내 목소리로 혼동할 정도다. 그래서 가끔은 지인들로부터 내가 읽은 줄 알았는데 알고 보니 AI 앵커 목소리더라며 연락을 받을 때가 있다. 이렇게 지금은 앵커도 하고 내 목소리를 모델로 AI 앵커를 만들기도 했지만 예전에는 목소리 콤플렉스가 있었다. 힘없이 얇고, 톤이 높은 것 같고 어색하기만 해서 내 목소리가 영 마음에 들지 않았다. 그래서 나는 목소리에 변화를 주기 위해 다음과 같은 노력을 기울였다.

1. 내 목소리 톤을 찾자

우선 자신만의 목소리 톤을 찾는 것이 중요하다. 나는 내 목소리 톤을 찾기까지 꽤 오랜 시간이 걸렸다. 방송기자가 되고도 나만의 음높이를 잘 알지 못했다. 처음 사건팀에 있을 때는 목소리 톤을 굉장히 높여 소리를 지르듯이 기사를 읽었다. 사건·사고 기사는 긴박하고 속도감 있게 전해야 한다고 생각했기 때문이다. 그리고 무조건 목소리를 크게 내야 한다는 생각에 쩌렁쩌렁하게 거의 소리를 지르다시피 했다.

그런데 시간이 흘러 낮은 톤으로 기사를 읽게 되었고, 그것을 들은 친구가 "이제 목소리가 자연스러워졌다"며 연락한 적이 있다. 친구는 그전에는 내 목소리가 듣기에 다소 부담스러웠는데 목소리 톤을 낮추니 편안하고 내용도 더 잘 들린다고 말했다. 나는 사건 기사뿐만 아니라 다른 분야의 기사들도 쓰고 읽고 하면서 자연스럽게 내 목소리 톤을 잡아갔다.

자연스러운 목소리 톤을 찾는 것은 우선 내용 전달을 위해서 중요하다. 내가 예전에 그랬던 것처럼 어색한 톤으로 내용을 전하면 듣는 사람이 불편해서 내용에 집중하지 못할 수도 있다. 그리고 자신에게 맞지 않는 톤은 목도 쉽게 피로하게 한다. 자신의 톤보다 한참 높은 톤으로 말한다고 상상해보자. 목이 금방 쉴 수밖에 없다.

자신의 목소리 톤을 찾을 때 흔히 쓰는 방법 중 하나는 후두의 움직임을 확인하는 것이다. 후두에 손을 대고 '음' 소리를 내보자. 이때 높은 소리를 내면 후두가 위로 올라가고 낮은음을 내면 후두가 아래로 내려가는 게 느껴질 것이다. 그런데 자신에게 맞는 자연스러운 음을 낼 때는 후두가 움직이지 않는다. 이렇게 자신의 톤을 찾아 말하면 말하는 사람과 듣는 사람 모두 편안해진다.

자신에게 맞는 톤을 찾으면 분위기에 따라 목소리 톤을 바꾸기도 쉽다. 앵커를 할 때 밝은 내용의 인터뷰를 할 때는 톤을 높여서 진행하고, 무겁고 심각한 내용을 전할 때는 톤을 낮춰서 무게감을 더했다. 자신만의 톤을 찾았다면 말하는 내용에 따라 분위기를 바꿔보는 연습도 해보자.

2. 호흡과 발성을 위해 복식호흡을 연습하자

목소리를 키우는 데에는 호흡과 발성이 중요하다는 말은 많이 들어봤을 것이다. 만약 남들 앞에 서서 말해야 하는 직업을 갖고 있거나 자신의 목소리가 작아 자신감이 없거나 여러 가지 이유로 목소리를 키워야 하는 사람이라면 당장 호흡과 발성을 연습하자.

호흡과 발성을 위해 복식호흡을 해야 한다, 배를 빵빵하게 만들어 배로 숨을 쉬어야 한다는 말도 많이 들어봤을 것이다. 횡격막을 최대한 끌어내려 그 압력으로 배가 볼록해지게 만든다고 생각하면 된다. 단, 이때 가슴은 가만히 있어야 한다. 만약 가슴과 어깨가 들썩거린다면 호흡을 가볍게 하고 있다는 증거다. 그 상태로 소리를 내면 목에서 소리가 나며 울림도 없고 성대에 무리만 간다. 가슴은 그대로 둔 채로 코로 공기를 최대한 깊게 들이마셔 횡격막을 아래로 끌어내려보자. 그러면 배가 부풀어 오를 것이다. 입으로 숨을 쉬면 쉽게 건조해지니 입보다는 코로 숨을 들이마시자. 5초 동안 숨을 들이마셨으면 잠시 멈췄다가 입으로 숨을 내쉬어보자. 이때는 배를 안으로 밀어 넣으며 '후'하고 숨을 뱉어보자. 몸 안에 있는 공기를 밀어낸다고 생각하자. 숨을 들이마실 때보다 더 길게 내쉬어보자. 남은 숨이 없을 정도로 깊숙한 곳에서부터 숨을 밀어내자. 이렇게 반복해서 복식호흡을 연습하자.

다음 단계는 소리내기다. 뱉는 호흡에 소리를 얹는다고 생각하자. '후'하며 소리를 내자. 더 이상 뱉을 숨이 없을 때까지 숨을 뱉으며 끝까지 소리를 내보자. 이게 바로 배에서부터 소리를 내는 방법이다. 이렇게 연습을 하면 울림 있는 소리를 내는 것은 물론 호흡을 길게 함으로써 숨이 모자라 엉뚱한 곳에서 문장을 끊지 않고 자유롭게 호흡을 조절해 가며 읽을 수 있게 된다. 복식호흡을 통한 발성이 중요한 이유는 목을 보호하기 위해서이기도 하다. 목소리를 키워야 하는데 발성이 안 된다면 소리가 잘 전달되지 않을뿐더러 목도 금방 쉬게 된다.

3. 실전처럼 발음과 읽기 연습을 하자

좋은 목소리를 갖기 위한 가장 기본적인 연습을 했다면 이제는 말하기에 적용하기 위해 한 단계 더 나아가보자. 보통 다음 단계로 발음을 연습하는데, 모음을 소리 내서 읽고, 이어서 자음을 붙여서 연습한다.

"아, 야, 어, 여, 오, 요, 우, 유, 으, 이."

"가, 갸, 거, 겨, 고, 교, 구, 규, 그, 기."

…

"하, 햐, 허, 혀, 호, 효, 후, 휴, 흐, 히."

중요한 것은 이때 배를 힘 있게 안으로 밀어 넣으며 소리를 내야 한다는 점이다. 나의 경우에는 이때 한 음씩 분명하게 끊어서 발음한다. 이렇게 연습하면 자연스럽게 목소리에도 힘이 생긴다. 복식호흡과 발성을 통해 목이 아니라 배에서 소리가 울려 나오고, 동시에 목소리에는 힘이 들어간다고 생각하자. 이렇게 되면 말할 때 전체적으로 전달력과 신뢰도가 커진다. 또 특별히 강조하고 싶은 부분에 자연스럽게 힘을 주면서 부각할 수도 있다.

이번에는 원고를 읽어보자. 발표를 위해 준비한 원고가 있다면 끊어 읽을 곳과 강조할 곳을 표시하자. 그리고 확실히 티가 나게 읽어보자. 방송의 경우 강조하고자 하는 부분을 나는 충분히 강조했다고 생각하는데, 실제로는 티가 나지 않는 경우가 많다. 그래서 반드시 강조해야 하는 내용이라면 평소보다 더 확실히 쉬어주거나 목소리를 키우거나 톤을 높이는 등의 방법을 써보자.

위의 내용은 내가 목소리를 단련할 때 썼던 기본적인 방법들로, 일반적으로 활용하는 목소리 트레이닝 방법이다. 자신의 목소리 톤을 찾고, 호흡과 발성, 발음을 연습하는 것은 전달력 있는 목소리를 갖기 위해 기초적으로 해야 하는 일이다. 혼자서 집에서도 충분히 할 수 있는 훈련인 만큼 최대한 활용해보자. 일단 깊이 숨을 들이마시고 내쉬는 것부터 시작하자.

가장 중요한 것은 꾸준한 연습이다. 단번에 목소리가 달라질 거라는 기대는 하지 말자. 단 몇 분이라도 꾸준히 연습하며 호흡과 성대를 단련해보자. 그러다 보면 의식하지 않고도 복식호흡을 하며 울리는 목소리로 말하는 순간이 오게 된다.

지금도 언론사 면접을 보러 다니던 때를 생각하면 그 시절 기분 좋은 긴장감과 떨림이 되살아난다. 면접이라는 것이 이전 전형을 어느 정도 통과해야 주어지는 기회인 만큼 소중한 경험이라고 생각했다. 여기에 더해 나를 제대로 보여줄 수 있는 무대가 될 거라는 기대감도 있었다. 물론 이런 기대가 무참히 깨지고 자신감이 산산조각 난 적도 무수히 많지만, 면접을 준비하고 면접장에 들어서던 순간의 기분 좋은 떨림과 긴장감, 기대감은 지금도 잊히지 않는다. 면접장에서 다리가 후들거릴 정도로 떨었던 적도 있었지만, 나중에는 면접을 즐기게 되었다. 내가 숱한 실패 끝에 터득한 면접 노하우는 다음과 같다.

1. 같이 일하고 싶은 사람임을 보여주자

입사 시험은 결국 같이 일하고 싶은 사람을 뽑는 과정이다. 나도 입사시험을 보러 다닐 때는 이런 생각을 하지 못했다. 무조건 내 능력을 최고로 보여줘야 한다는 생각만 했었다. 그런데 입사를 하고 일을 하다 보니 그것이 전부가 아니었다. 조직에 어우러지고 다른 사람과 협력하며 즐겁게 일하는 것도 회사 생활의 중요한 부분이라는 사실을 알게 되었다. 그리고 지원자들을 평가하는 과정에서도 어떤 능력을 갖추고 있는가 못지않게 조직에 적응하고 다른 사람들과 융화할 수 있는가는 중요한 평가 기준이다.

선발 과정에서 '같이 일하고 싶은 사람인가'를 생각한다는 것은 평가자로서도 한 사무실에서 일할지도 모를 자신의 동료, 후배를 뽑는 과정이기 때문일 것이다. 그런 만큼 당연히 '저 사람과 함께 일할 때 즐거울까, 충돌하지는 않을까'를 중요하게 볼 수밖에 없다. 그래서 면접에서 최고의 능력을 보여주는 것만이 정답은 아니다. 자기 능력을 보여주기 위해 최선을 다하되 평가자들의 말을 듣는 자세와 눈빛, 말투, 다른 지원자들을 대하는 모습까지 신경 써야 한다. 이를 구체적으로 실행하기 위해 아래 다른 원칙들도 함께 실천하자.

2. 자신감과 당당함, 자만심과 거만함을 구분하자

"어떻게든 되겠지. 그동안 해온 게 있는데."

언론사 시험에 합격할 즈음 면접장에 들어설 때 내 마음가짐이었다. 긴장하거나 고민할 것도 없었다. 이미 몇 년을 시험에 도전해 왔는데, 지금 단 몇 분 사이에 판을 뒤집을 만한 뭔가를 할 수 있는 것도 아니고 그냥 부딪치는 것 외에 다른 방법이 없었다. 그래서 떨릴 것도 없었다. 그런데 이것이 자포자기의 심정은 아니었고, 언젠가는 될 거라는 나에 대한 믿음과 확신이 바탕에 깔려 있었다. 몇 년을 포기하지 않고 도전한 것만으로도 나 자신에 대한 충분한 믿음이 있었다. 또 오랜 시간을 준비하며 쌓인 내공도 이런 자신감에 영향을 미쳤다. 이렇게 마음먹기 시작하면서부터 시험 결과도 좋아지기 시작했다. 아마도 이런 자신감이 당당한 태도로 나타났고, 면접에서도 좋은 평가를 받는 데 긍정적인 영향을 미쳤던 것으로 분석된다.

그런데 중요한 점은 자신감과 당당함은 자만심이나 거만함과는 다르다는 것이다. 준비해 온 만큼 나의 주장을 근거를 갖고 자신 있게 말하는 태도는 아주 좋은 자세다. 그런데 내 생각이 유일한 정답이라는 식의 태도를 보인다면 평가에 좋지 않은 영향을 미칠 수 있다. 면접은 퀴즈쇼가 아니다. 지식이나 상식에 대한 평가는 이미 필기시험에서 충분히 했다고 할 수 있다. 물론 면접에서도 정확한 사실에 기반해 자신이 아는 바를 충분히 표현하는 것이 중요하지만, 여기에 더해져야 할 것이 바로 말하고 듣는 태도다. 면접관이 자신의 답변을 꼬투리 잡듯이 지적한다고 가정해보자. 그럴 때 이런 식으로 대답해보면 어떨까?

"제가 미처 생각하지 못한 부분을 지적해 주셔서 감사합니다. 그런데 저는 이런 근거로 이렇게 생각했습니다."

이처럼 상대가 지적한 내용을 이해했으며 그것을 존중한다는 것을 표현하면서 동시에 자기주장의 근거를 다시 한 번 부각할 수도 있다. 이런 방법은 토론 면접에서도 활용이 가능하다. 나는 토론 면접에서 다른 지원자의 말을 한 번 정리하고 긍정적인 면을 평가한 뒤 나의 의견을 말하는 태도를 유지했다.

"다른 지원자의 말씀은 이런 면에서 의미 있는 주장이라고 생각합니다. 하지만 저는 이런 근거로 이렇게 생각합니다."

위와 같이 말한 것은 방점은 나의 주장에 있지만 상대의 의견을 무시하거나 나의 주장만을 고집하지 않는다는 인상을 주기 위해서였다. 면접관이나 다른 지원자와의 대화에서 이런 화법은 자칫 자신감과 당당함이 지나쳐 자만심이나 거만함으로 비치지 않도록 하는 데 도움을 준다.

면접은 어떤 상황에 대한 지원자의 반응이나 태도를 보는 측면도 있다. 심사위원들이 자신을 압박한다고 해서 자신을 마음에 들어 하지 않는다고 생각할 필요가 없다. 위축되거나 당황하거나 불쾌해하지 말자. 토론 면접에서도 다른 지원자가 나와 생각이 다르거나 내 의견을 받아들이지 않는다고 흥분하거나 답답해할 필요가 없다. 그 순간 어떻게 현명하게 대처할지만 고민하자.

자만한 듯한 인상을 주거나 거만해 보이지 않기 위해서는 화법 외에 자세와 표정도 중요하다. 우선 턱을 당기고 미소를 짓자. 의자에는 기대지 말고 똑바로 앉자. 고개를 심하게 들고 무뚝뚝한 표정을 짓거나 의자에 깊숙이 앉아 등받이에 기댄 모습은 실제로는 그렇지 않더라도 거만한 인상을 줄 수 있다. 면접에서는 '알고 보면 좋은 애야'라는 말 따위는 통하지 않는다. 단 몇 분의 대화를 통해 그 사람을 판단해야 하기 때문이다.

또 대화하는 상대에게 최대한 집중하는 모습을 보이는 것도 중요하다. 이야기하는 사람을 바라보고 고개를 끄덕이며 호응하는 것도 좋다. 예를 들어 합숙 면접이라면 평가자들이 이야기하는데 휴대전화를 쳐다보거나 뒤로 지나가는 다른 사람들을 살피는 등 집중하지 않는 모습을 보이는 태도는 좋지 않다.

인사도 중요하다. 나는 면접장에서는 처음 앉을 때는 물론 면접을 마치고 나갈 때도 앞에 있는 면접관들에게 인사하고, 카메라 테스트처럼 앞에 면접관이 없는 경우에도 인사를 빼먹지 않았다.

3. 지원 회사에 대해 철저히 공부하자

면접을 준비하면서 지원한 회사에 대해 공부하는 일은 기본이다. 회사에 대해 호기심을 갖고 연구하고 공부하며 같이 일하고 싶다는 열의를 보여주기 위해 애써야 한다. 면접관 입장에서도 진심으로 이곳에서 함께하고 싶어 하는 사람에게 점수를 더 주고자 할 것이다. 면접에서 회사에 대한 관심과 애정을 보여주는 것은 곧 진정성을 보여주는 것이다.

최근 회사의 행보에 대해 공부하는 것은 물론 경쟁업체와의 비교, 앞으로 비전과 이를 보완하기 위한 아이디어까지 연구하자. 방송국 면접에서는 "어떤 프로그램을 즐겨 봤어요?"라거나 "오늘 아침에 보도한 뉴스를 봤나요? 그중에 어떤 기사가 인상적이었나요"와 같은 질문을 많이 한다. 회사에 얼마나 관심을 갖고 있는지 확인하기 위한 것일 수도 있고, 회사 프로그램이나 보도 내용에 대한 응시자의 평가를 들어보고 싶은 것일 수도 있다. 그런 만큼 이 경우 단순히 "네, 봤습니다" 같은 간단한 답변에 그칠 것이 아니라 어떤 점이 좋았고 인상적이었는지, 혹시 보완할 수 있는 아이디어가 있는지까지 더한다면 좋은 점수를 얻을 수 있다.

면접을 보면서 지원한 회사에 대해 잘 알고 준비하는 것은 상대에 대한 예의이기도 하다. 면접은 회사가 새로운 인재를 선발하기 위해 공들여 준비한 자리인 만큼 기회가 필요한 당신에게 내민 손길을 무심하게 지나치지 말자. 기본적으로 회사에 대한 정보를 파악하고 준비한 사람과 그렇지 않은 사람은 확연히 차이가 나 보일 수밖에 없다. 이러한 준비가 되어 있지 않으면 성의 없다는 인상을 줄 수도 있다.

면접은 노력한 만큼 눈에 띄는 확연한 차이를 만든다는 점을 반드시 명심하자.

5. 이미지도 연구하자

처음 앵커로 발령 났을 때 텔레비전에 나오는 내 모습을 보고 충격을 받았다. 거울로 보는 모습과 방송기자로 리포트에 종종 비춰지는 모습 사이에도 차이가 컸지만, 앵커로서 스튜디오에 앉은 모습은 내가 생각하던 것과 너무나 달랐다. 눈은 더 날카로워 보이고, 표정은 어두워 보였다. 힘이 잔뜩 들어간 모습은 전체적으로 어색하기 짝이 없었고, 보는 사람도 불편하게 할 것 같았다.

실제로 여기저기서 이렇게 해보는 것은 어떠냐, 저렇게 해보는 것은 어떠냐는 등 관심 어린 조언을 듣기도 했다. 그래서 이미지 변신을 위해 이미지 컨설팅을 받으러 갔다. 상담을 받으며 퍼스널 컬러를 찾고, 어울릴 법한 안경테와 넥타이에 대한 조언도 들었다. 물론 한 번의 상담으로 다음 날 갑자기 화면발을 잘 받는 것은 아니었다. 이미지 변신은 분명 시간이 필요한 일이었다. 하지만 노력에 따라 이미지가 달라질 수 있다는 점을 체감했다. 그래서 이후 꾸준히 모니터링하면서 나만의 방법을 찾기 위해 노력했다.

남자의 경우에도 머리 스타일이나 안경, 넥타이, 양복이나 셔츠 색깔 등 외적인 이미지에 변화를 줄 수 있는 요소가 많다. 더 나은 방송을 위해 내용뿐 아니라 이미지와 관련한 연구도 게을리할 수 없었다.

면접을 준비하면서 반드시 이미지 컨설팅을 받아야 한다는 말은 아니다. 자신에게 어울리는 것, 자신을 더 젊고 활기차게, 또는 더 돋보이게 할 수 있는 방법을 찾는 것이 중요하다는 말이다. 무료로 퍼스널컬러를 진단해주는 곳을 찾아볼 수도 있고, 자가 진단을 할 수 있는 휴대전화 애플리케이션을 활용하는 것도 한 방법이다. 함께 면접을 준비하는 친구들과 서로의 이미지를 평가해 줄 수도 있을 것이다.

'면접장에는 이렇게 입고 가야 한다'는 취업 게시판의 조언만 믿었다가 비슷한 모습의 수많은 지원자들 틈에 묻혀버릴 수도 있다. 그래서 자신이 가진 장점을 최대한 살리고 호감 가는 이미지를 만들기 위해서 고민해야 한다. 이 또한 면접 준비의 중요한 과정임을 잊지 말자.

이뿐만 아니라 말할 때 표정과 자세도 신경 써야 한다. 면접장에 들어가 의자에 앉아 자기소개를 하고 면접을 마친 뒤 나가는 모습까지 모두 촬영해 모니터링해보자. 어색한 모습이 있다면 고치고 꾸준히 연습하며 익숙해지자. 실제 면접장이라고 생각하며 실전처럼 연습하자. 이때 이미지 트레이닝은 꽤 효과적이다. 머릿속으로 면접장에 들어가는 장면부터 하나하나 상상해보자. 가상의 질문에 대한 답변도 해보자.

이러한 준비가 실제로 면접장에 들어가는 순간 당신의 모든 행동에 여유와 자신감이 묻어나도록 이끌어줄 것이다.

실전에서 바로 써먹는 글쓰기와 말하기

먹히는 글쓰기 끌리는 말하기

초판 1쇄 발행 2025년 1월 10일

지은이 김대근
펴낸곳 보아스
펴낸이 이지연
등 록 2014년 11월 24일(No. 제2014-000064호)
주 소 서울시 양천구 목동중앙북로8라길 26, 301호(목동) (우편번호 07950)
전 화 02)2647-3262
팩 스 02)6398-3262
이메일 boasbook@naver.com
블로그 http://blog.naver.com/shumaker21
유튜브 보아스북 TV

ISBN 979-11-89347-25-3 (03190)

ⓒ 보아스, 2025